L'alimentation

Les auteurs

Anne Bazin, diplômée de Sciences Po Paris, est maîtresse de conférences en science politique à Sciences Po Lille.

Cédric Passard, diplômé de Sciences Po Lille et agrégé de sciences économiques et sociales, est maître de conférences en science politique à Sciences Po Lille.

Alice Béja est maîtresse de conférences en anglais à Sciences Po Lille.

Stéphane Bracq est professeur des universités en droit à Sciences Po Lille.

Caroline Clair est diplômée de Sciences Po Grenoble et PRAG de sciences économiques et sociales à Sciences Po Lille.

Thomas Deguffroy est agrégé d'histoire-géographie et IA-IPR d'histoire-géographie dans l'académie de Lille.

Martine Gasparov enseigne la philosophie à l'École et Lycée des Métiers d'Art et du Design Auguste-Renoir et travaille à la médiation pédagogique du musée des Arts et Métiers à Paris.

Élise Lavogez est professeure agrégée de sciences économiques et sociales au lycée Faidherbe à Lille et chargée d'enseignement à Sciences Po Lille.

Philippe Lemarchand a été enseignant aux universités de Londres et de Westminster ainsi qu'à Sciences Po et correspondant à la BBC. Il a dirigé *Nourrir les hommes* (2009) et *La mondialisation en question - 1000 articles pour comprendre* (2019) aux éditions Atlande.

Delphine Pouchain, diplômée de Sciences Po Lille et agrégée de sciences économiques et sociales, est maîtresse de conférences en économie à Sciences Po Lille.

Le présent volume a été dirigé par **Anne Bazin** et **Cédric Passard**.

La collection *Clefs concours Sciences-Po* est dirigée par
Anne Bazin et **Cédric Passard**.

Édition : Marie-Pierre Frondziak.

Mise en pages : Dorian Truffert.

ISBN : 978-2-35030-863-0

CLEFS CONCOURS SCIENCES-PO

Anne Bazin Cédric Passard (dirs.)

Alice Béja Stéphane Bracq Caroline Clair Thomas Deguffroy

Martine Gasparov Élise Lavogez Delphine Pouchain

L'alimentation

Atlande

SOMMAIRE

NOTICE

Chaque fiche étant numérotée, les renvois en sont facilités en cours de texte.

Une petite bibliographie est proposée à la fin de chaque fiche en plus de la sélection bibliographique présentée en fin d'ouvrage.

Certaines références bibliographiques annexes précisées au fil du texte ne sont pas présentes en bibliographie.

INTRODUCTION ET MÉTHODOLOGIE

Le concours commun des Sciences Po de région existe depuis 2008. Auparavant, les candidats devaient se rendre dans chaque Sciences Po pour passer les différents concours. Ce concours commun permet d'intégrer en première année l'un des sept Sciences Po (instituts d'études politiques) qui font partie du réseau: Aix-en-Provence, Lille, Lyon, Rennes, Saint-Germain-en-Laye, Strasbourg et Toulouse.

Le concours commun des Sciences Po est un concours très sélectif, de l'ordre de 12 % de reçus, c'est-à-dire environ 1100 places au total. Si les épreuves sont conçues pour des élèves sortant de terminale (quelles que soient les spécialités choisies) et s'appuient sur les programmes du lycée, un minimum de préparation est nécessaire pour réussir le concours. Ainsi, une préparation étalée tout au long de l'année du concours doit permettre à la fois d'acquérir les méthodes de la dissertation de Questions contemporaines et de travailler les deux thèmes proposés pour le concours de l'année, chacun des thèmes étant au programme pour deux années.

Le concours commun se déroule sur une journée et comporte trois épreuves:

- Questions contemporaines (coefficient 3): une dissertation en 3 heures sur un sujet au choix qui porte sur les deux thèmes préalablement définis. Pour le concours 2023, ces thèmes sont: "La peur" (concours 2022 et 2023) et "L'alimentation" (concours 2023 et 2024);
- Histoire (coefficient 3): une analyse de document(s) en 2 heures portant sur le programme suivant (1 seul sujet proposé): "Les relations entre les puissances et les modèles politiques des années 1930 à nos jours" et "Histoire politique, sociale et culturelle de la France depuis les années 1930". La nature de l'épreuve correspond à ce qui est demandé aux élèves lors du baccalauréat. Pour plus d'informations, se reporter au site du concours commun: http://www.reseau-scpo.fr;
- Langue vivante (coefficient 1,5): une épreuve d'une durée de 1 heure prenant la forme de questions de compréhension et d'un essai.

Les candidats ont le choix entre 4 langues : anglais, espagnol, allemand ou italien.

Deux notes du baccalauréat seront, par ailleurs, prises en compte :

- la moyenne des notes des langues vivantes A et B des bulletins de terminale (coefficient 0,5) ;
- la moyenne des deux notes obtenues aux épreuves finales des enseignements de spécialité 1 et 2 (coefficient 1).

LES ATTENDUS DU CONCOURS

Le concours commun des Sciences Po a pour objectif de sélectionner des élèves ayant un profil ouvert et un intérêt affirmé pour les débats contemporains. Il s'agit de recruter de futurs étudiants capables de développer une pensée autonome, structurée et qui s'appuie sur des lectures bien assimilées ainsi qu'un suivi régulier de l'actualité nationale et internationale.

Les trois épreuves du concours sont complémentaires pour permettre de mieux cerner les compétences et capacités des candidats.

L'épreuve de Questions contemporaines a pour objectif d'évaluer un certain nombre de compétences et connaissances que les candidats ont acquises tout au long de leur scolarité antérieure et qui se résument en la capacité à présenter une analyse problématisée et argumentée (fond et forme) du sujet proposé. L'épreuve consiste en une dissertation à rédiger en 3 heures. Deux sujets au choix sont proposés, en lien avec les deux thèmes préparés pour le concours de l'année. À noter qu'il arrive qu'un sujet soit transversal entre les deux thèmes.

DATES ET QUESTIONS PRATIQUES

L'édition 2023 du concours commun aux Sciences Po se déroulera le samedi 22 avril.

Le concours est ouvert aux élèves passant le baccalauréat en 2023 et à ceux l'ayant obtenu l'année précédente (2022).

Les inscriptions au concours se font sur la plateforme Parcoursup :

- entre le 18 janvier et le 8 mars 2023 : inscriptions sur la plateforme Parcoursup ;

- 6 avril 2023 : date limite de confirmation du vœu sur Parcoursup et de règlement des frais de concours.

Chaque candidate et chaque candidat est automatiquement affecté(e) dans un centre d'examen au plus près de son domicile (adresse indiquée dans Parcoursup). Cette information est communiquée fin mars à chaque candidat ayant formulé le vœu du concours commun. Le nombre de places étant limité dans certains centres d'examen, les candidates et candidats sont invités à finaliser au plus tôt leur inscription, de manière à augmenter les chances de pouvoir être affecté(e)s dans le centre d'examen le plus proche du domicile.

L'inscription coûte 180 € pour les élèves non boursiers et 50 € pour les élèves boursiers de l'année en cours.

Les annales du concours commun sont consultables sur le site du concours : http://www.reseau-scpo.fr

Cet ouvrage propose à la fois des outils méthodologiques et des fiches thématiques pour permettre aux candidates et candidats de se préparer tout au long de l'année à l'épreuve de Questions contemporaines du concours commun. Le manuel est organisé en deux parties :

- une première partie méthodologique qui fournit de nombreux conseils concernant la manière d'appréhender l'épreuve et de réussir sa dissertation le jour du concours : comment choisir son sujet, comment gérer son temps, comment construire un plan, les erreurs à ne pas commettre…
- La deuxième partie aborde le nouveau thème au programme pour les concours 2023 et 2024 : “L'alimentation”. Elle est composée de 17 fiches. Celles-ci permettent d'aborder le thème sous ses aspects historiques, politiques, sociologiques, géographiques, économiques, juridiques, culturels et philosophiques.

Bonne lecture et bon courage à toutes et tous !

Anne Bazin et Cédric Passard

QUELQUES CONSEILS MÉTHODOLOGIQUES

L'épreuve de Questions contemporaines doit permettre d'apprécier la capacité des candidates et des candidats à développer une argumentation sur un sujet de débat lié avec l'actualité des années récentes.

Il ne s'agit pas d'une épreuve de connaissances ni *a fortiori* d'une question de cours. Il est attendu que les candidates et candidats réfléchissent par eux-mêmes et construisent une argumentation qui leur est propre. Les candidates et candidats doivent développer leur thèse tout au long de la dissertation, en s'appuyant sur des connaissances acquises pendant leur scolarité, ainsi qu'au cours de lectures récentes et d'un suivi régulier de l'actualité française et internationale. Cette thèse doit être démontrée à l'aide d'arguments solides et éventuellement illustrée par des exemples choisis pour leur pertinence. Il est attendu que les candidates et candidats questionnent les enjeux politiques sociaux, économiques, historiques, philosophiques, voire juridiques, des sujets proposés.

1) CHOISIR ET ANALYSER SON SUJET

“ **Choisir son sujet**: les thèmes ayant été annoncés plusieurs mois avant les épreuves, tous les candidats et candidates ont lu et travaillé les concepts. Il ne devrait pas *a priori* y avoir de sujet sur lequel la candidate ou le candidat n'ait rien à dire.

Pour choisir le sujet, il faut donc le lire et comprendre son sens. Pourquoi est-il formulé ainsi ? Quelle question soulève-t-il ? Il faut choisir un sujet sur lequel on a quelque chose à dire, une idée à défendre, un argument à démontrer, des exemples et des idées. Il ne s'agit pas d'une question de cours ou d'une leçon à réciter. Néanmoins, un minimum de connaissances sur le sujet est utile.

Attention à traiter le sujet posé ! Ne pas traiter le sujet... c'est l'erreur la plus commune et l'une des plus graves, évidemment. C'est souvent le cas si la candidate ou le candidat choisit un sujet qui ressemble à un travail réalisé ou étudié lors de la préparation du concours. Il faut lire le sujet, se demander pourquoi il est formulé ainsi avant de construire son plan... et traiter le sujet.

" **Analyser le sujet**: la clé de réussite d'une bonne dissertation se trouve dans l'analyse du sujet. Il s'agit de bien le lire, le comprendre, analyser tous les termes (c'est-à-dire noms, conjonctions de coordination, ponctuation, adjectifs...). Lorsqu'un sujet comporte plusieurs termes, il est indispensable de saisir le rapport qui les lie entre eux et de se demander pourquoi le sujet a été posé en ces termes.

Une bonne dissertation commence toujours par une définition des termes du sujet. En effet, il n'est pas possible de traiter un sujet sans en avoir au préalable compris les termes. Il est ainsi indispensable que la lectrice ou le lecteur sache quelle est la définition adoptée par la candidate ou le candidat et quel sens il/elle donne au sujet.

" **Penser "large"**: l'épreuve de questions contemporaines n'est ni une épreuve d'histoire ni une épreuve de philosophie, ni même de français ou de droit. Elle est une épreuve qui doit démontrer la capacité de la candidate ou du candidat à aborder un sujet de manière la plus complète possible et à construire une argumentation, en d'autres termes, à disserter de manière argumentée sur un sujet qu'il/elle aura saisi dans sa complexité.

Il est pour cela essentiel d'aborder le sujet dans une perspective large. Tous les sujets n'ont pas nécessairement une dimension historique, internationale ou juridique. Il est néanmoins utile de se poser la question: un sujet sur le sport, par exemple, ne saurait être traité uniquement à partir de la situation du football professionnel en France ! Même si la candidate ou le candidat n'est pas familier avec toutes les dimensions possibles d'un sujet, il est important de montrer qu'il/elle s'est posé la question et a saisi la complexité du sujet. Il/elle peut alors choisir de réduire son approche, dès lors qu'il/elle justifie de manière soignée ce choix dans son introduction: se limiter au cas français, par exemple, ou écarter une partie du poids historique du sujet.

“ **Les dangers de l’approche monodisciplinaire** et de la tentation du “tout philosophie” en particulier : beaucoup de candidates et de candidats se limitent à une approche philosophique des sujets proposés, soit parce qu’ils sortent de terminale et sont très imprégné(e)s de la culture philosophique tout juste acquise, soit parce qu’ils/elles viennent de suivre une année de classe préparatoire littéraire où l’investissement académique sur cette discipline a été très important. Le résultat de cette focale trop philosophique est que les candidates et candidats ne traitent pas les sujets de manière assez ouverte. Ils/elles ont tendance à se limiter à des exemples puisés dans l’Antiquité, de même pour les citations, passant alors souvent à côté de la dimension contemporaine des sujets proposés. Il est essentiel, au moment de l’élaboration de son plan, de s’interroger non seulement sur les enjeux actuels du sujet, mais aussi sur les différentes dimensions et la nécessaire mise en contexte de la question.

Il ne s’agit pas davantage d’une épreuve d’histoire. Une lecture uniquement historique du sujet ne suffit pas à rendre sa complexité. Ni non plus d’une épreuve d’actualité, même si une bonne connaissance des débats politiques et sociétaux récents est souvent un atout pour aborder le sujet de Questions contemporaines. Il est en tout cas important d’inscrire le sujet dans une perspective historique qui nécessite de se détacher de l’actualité simple et, là encore, de rendre compte des différentes dimensions de la question.

2) CONSTRUIRE LE PLAN

La dissertation est une démonstration. Le sujet est parfois formulé sous forme de question ou renvoie à une question possible, explicite ou implicite, qu’il s’agit de mettre au jour sous la forme d’une problématique à laquelle il faut répondre dans le corps de la dissertation. La problématique dicte l’argumentation et détermine la structure du plan. La dissertation ne doit en aucun cas se limiter à une succession d’idées ou d’exemples sans lien et articulation logiques entre eux. Une bonne dissertation doit être structurée et argumentée.

“ **Construire sa problématique** : la candidate ou le candidat aura sans doute lu beaucoup sur le thème. Il ne s’agit pas, toutefois, de faire à tout prix preuve d’érudition. Les copies qui partent dans tous les sens deviennent rapidement un catalogue d'idées, plus ou moins en rapport avec le sujet, et organisées en général dans un récit confus et décousu. Avant de commencer, il est essentiel de se poser les trois questions suivantes: 1. Pourquoi ce sujet? 2. Quoi démontrer? 3. Comment le démontrer (quelles étapes suivre)?

Quelle que soit la formulation du sujet, celui-ci recèle toujours une question qu'il faut mettre au jour et qui constitue la problématique. Dans le cas d'une question directe, il convient d'expliciter, par une série de questions secondaires, le sens de la problématique contenue dans le sujet. Dans les autres cas, il faut découvrir et formuler une question centrale, qui se déclinera ensuite en questions secondaires, lesquelles constitueront la trame de la dissertation.

" **Élaborer un plan**: un plan réussi, c'est d'abord et avant tout une démonstration qui doit refléter la réflexion du candidat. Il ne peut donc être construit qu'après que la problématique a été clairement formulée et les hypothèses énoncées. L'exercice de la dissertation de Questions contemporaines doit permettre à la candidate ou au candidat de développer une pensée cohérente et argumentée. C'est là-dessus qu'il/elle sera jugé(e) et évalué(e).

Un plan en deux ou trois parties? Il n'y a pas de règle absolue, plutôt un constat: une dissertation en 3 heures, c'est finalement assez court et il est préférable d'avoir un plan bien équilibré en deux parties et deux sous-parties, suivi d'une vraie conclusion plutôt qu'une dissertation en trois parties dont l'une serait bâclée (faute de temps ou de matière) et sans véritable conclusion.

Le plan comprend donc:

- une introduction avec éventuellement une accroche et, surtout, la définition des termes du sujet, la problématique et une annonce de plan;
- deux (ou trois) parties, et en général deux sous-parties par partie. Une transition soignée entre les parties;
- une conclusion qui reprend le sujet et y répond.

Attention: il n'est pas possible de tout dire et il n'est pas souhaitable de dire tout ce que l'on sait sur le thème. Construire le plan, c'est donc aussi choisir pour donner une cohérence à son propos.

“ **Le plan détaillé** : avant de se lancer dans la rédaction, il est utile de rassembler ses idées dans le bon ordre. En prenant une page de brouillon par partie (voire par sous-partie), noter d'abord les idées comme elles viennent. Ensuite, les organiser. Ajouter des exemples et des références à côté des idées qui seront développées dans la dissertation. Cet exercice du plan détaillé prend un peu de temps, mais s'avère toujours utile. Il permet en effet de vérifier que le candidat a de la matière pour chaque sous-partie de son plan. Si ce n'est pas le cas, il est en général alors encore temps d'ajuster le plan : il vaut mieux se rendre compte qu'on n'a rien à dire dans une sous-partie avant de commencer à rédiger qu'une fois lancé(e). Il permet aussi de vérifier que le plan est équilibré. S'il apparaît qu'une sous-partie va être beaucoup plus longue que les autres, il faut se demander si elle ne peut pas être subdivisée en deux (ce qui implique qu'elle contienne deux idées différentes) ou faire le choix de ne pas tout dire sur ce point en particulier pour ne pas déséquilibrer la dissertation.

3) RÉDIGER

La rédaction est l'aboutissement de votre réflexion. Elle répond à des codes assez précis qu'il convient de respecter. Elle comprend une introduction, un développement en plusieurs parties et une conclusion.

“ **L'introduction** : elle est - comme son nom l'indique - la première chose que le correcteur va lire. C'est l'introduction qui permet de comprendre la manière dont la candidate ou le candidat traite le sujet. Elle explicite le sujet et annonce le plan. L'introduction donne en général une assez bonne idée de la qualité d'une copie. En d'autres termes, une introduction bâclée donne une mauvaise impression à la correctrice ou au correcteur. Il est vivement recommandé de la rédiger au brouillon. Elle doit contenir - au moins - une définition des termes du sujet, la formulation de la problématique (éventuellement déclinée en plusieurs questions) et l'annonce du plan.

“ **Le développement** : il est organisé en plusieurs parties et sous-parties qui doivent être clairement reconnaissables à la lecture (sauter une ligne entre les parties par exemple), mais un plan apparent n'est pas utile, voire déconseillé.

- **Soigner les transitions**: l'enchaînement logique entre les phrases et entre les paragraphes est essentiel. Mais il ne suffit pas d'un "donc" pour assurer un enchaînement logique. C'est la pensée et l'argumentation qui doivent l'être. Un changement de paragraphe (c'est-à-dire un retour à la ligne) implique l'introduction d'une nouvelle idée. Mais il ne peut pas y avoir de retour à la ligne toutes les deux lignes. Les idées doivent être en effet développées. Ainsi, un paragraphe peut difficilement faire moins de dix lignes. Entre deux paragraphes, il est important d'avoir une transition. De même entre les sous-parties et les parties. Il est souhaitable de conclure une sous-partie et, *a fortiori*, une partie en une phrase ou deux. La correctrice ou le correcteur sait ainsi où il en est de la démonstration.

- **Affirmer n'est pas démontrer**: pas d'affirmation gratuite. Ce qui est dit doit s'enchaîner de manière logique et surtout doit être démontré... et pas seulement illustré. Un exemple n'est pas une démonstration. La candidate ou le candidat doit conceptualiser ce qu'il veut dire et éventuellement, ensuite, illustrer son propos avec un exemple.

- **Des exemples, oui mais pas trop**: les exemples sont toujours bienvenus à quelques conditions toutefois: qu'ils ne tiennent pas lieu de démonstration ou de conceptualisation; qu'il n'y ait pas de généralisation abusive à partir d'un seul exemple; qu'ils soient clairement introduits; qu'ils soient mentionnés à bon usage et, enfin, qu'il n'y en ait pas trop. Les exemples sont un plus, mais ne constituent en aucun cas le corps de la dissertation.

- **Du bon usage des citations**: la copie ne doit pas être un catalogue de citations plus ou moins précises. Les citations sont évidemment les bienvenues, à condition qu'elles aient leur place dans l'argumentation. Il ne s'agit pas d'impressionner la correctrice ou le correcteur, mais d'appuyer une démonstration. Des citations abusives et mal à propos ont souvent un effet contre-productif, celui de perdre la lectrice ou le lecteur et de dévier du sujet.

- **Les références**: des références (ouvrages, auteurs) sont bienvenues aussi. Mais, là encore, pas la peine de les multiplier pour épater la lectrice ou le lecteur. Quelques références bien introduites et développées, qui permettent de voir que la candidate ou le candidat maîtrise son propos et sait étayer son argumentation avec ce qu'il a lu, sont un plus évident.

“ **La conclusion**: la conclusion n’est pas le prolongement de la dernière sous-partie. Elle doit proposer un bilan de la réflexion. Elle reprend la question de départ et résume en quelques lignes le cheminement de la démonstration... et conclut. Elle est le pendant de l’introduction à laquelle elle répond. Il est vivement conseillé de rédiger sa conclusion au brouillon. C’est la dernière chose que lit l’évaluatrice ou l’évaluateur. Il/elle mettra sa note après. Il est important de laisser une bonne impression ! Attention aux conclusions bâclées faute de temps.

4) ORGANISER SON TEMPS

Il est essentiel de ne pas se précipiter et de ne pas sauter d’étape.

“ **Choisir tranquillement son sujet** (15 min) : cela signifie envisager les deux dans un premier temps (pas trop longtemps tout de même). Cela peut consister, par exemple, à mettre toutes les idées qui viennent à l’esprit sur chacun des deux sujets sur deux feuilles de brouillon. La candidate ou le candidat se rendra compte en général assez rapidement qu’il y a un sujet sur lequel il/elle a des idées plus claires, et surtout envie de démontrer quelque chose, et un autre sujet sur lequel il/elle n’a que quelques éléments superficiels ou peu en relation avec le sujet tel qu’il est exprimé.

“ **Rassembler ses idées** : une fois le sujet choisi, il s’agit d’abord de rassembler ses idées (15 min). Ne pas se précipiter pour faire le plan. D’abord mettre sur le papier tout ce qui vient à l’esprit concernant le sujet proposé. Une fois tous ces éléments exprimés, et alors seulement, il est temps d’essayer de construire un plan.

“ **Construire le plan** (15 min) : le plan - cela a été dit - est la clé de voûte de la dissertation de Questions contemporaines. Il est indispensable de prendre son temps et de ne pas se précipiter dans un plan “tout fait” qui reprendrait un travail effectué pendant l’année, par exemple ; écrire sur un brouillon les étapes de la démonstration ; formuler la problématique (question) et les étapes de la démonstration.

“ **Rédiger** (2 h) : la rédaction prend du temps. Il est important de réfléchir avant d'écrire, notamment pour éviter les ratures et les incohérences dans le propos ; choisir ses mots ; soigner l'écriture.

“ **Se relire** (15 min).

5) QUELQUES CONSEILS PRATIQUES

“ **L'orthographe et la grammaire** : c'est un lieu commun que de rappeler que l'orthographe et la grammaire sont importantes et même essentielles. Une copie comportant trop de fautes d'orthographe ou de grammaire sera le plus souvent sanctionnée et, si elle ne l'est pas formellement, la lecture d'une copie qui comporterait beaucoup de fautes de français est moins fluide pour l'évaluatrice ou l'évaluateur dont l'appréciation s'en ressent nécessairement.

“ **Les tics de langage** : attention aux expressions toutes faites qui sont souvent inappropriées ; éviter à tout prix le langage familier ; choisir les mots. En sciences sociales, un mot en remplace rarement un autre, il est donc important de bien choisir les termes utilisés.

“ **La qualité de l'écriture** : il est évident qu'une copie soignée, bien écrite, sera plus facile à lire pour le correcteur. Il est recommandé d'écrire proprement, d'éviter les ratures trop nombreuses ou les flèches et autres astérisques qui renvoient à des phrases rajoutées. Préférer l'encre noire si possible, plus lisible en général.

“ **Se relire** : la relecture est indispensable, même si vous disposez de peu de temps. Elle permet de corriger les coquilles, les fautes d'orthographe ou de grammaire, et de vérifier la cohérence du texte. Il est souhaitable de se relire avant de rédiger la conclusion.

1. HISTOIRE DE L'ALIMENTATION

Dans quelle mesure l'alimentation est-elle un marqueur de civilisation ?

Nous sommes ce que nous mangeons. Cette lapalissade est valable tant au niveau individuel, du point de vue nutritionnel (de notre alimentation dépendent largement notre croissance en tant qu'enfant, notre santé, nos capacités et même notre survie), qu'au niveau des civilisations. L'homme moderne est apparu quand il a réussi à domestiquer plantes et animaux, ce qui a, en assurant une plus grande disponibilité alimentaire, permis à l'espèce humaine de se multiplier et de coloniser l'essentiel de la planète.

On distingue traditionnellement trois modes de production alimentaire : la chasse associée à la cueillette, l'élevage extensif lié au nomadisme et l'agriculture combinée à l'élevage intensif. Celui des chasseurs-cueilleurs consiste à vivre de l'environnement existant, en y prélevant ce qui y pousse de comestible (essentiellement des baies, mais aussi d'autres fruits et des noix) et en y chassant ou en pêchant les espèces à leur portée. D'un point de vue organisationnel, on parle d'économie de subsistance, mode exclusif de rapport à la nature des origines de l'humanité au mésolithique (vers 10000 av. J.-C.) ; d'un point de vue environnemental de symbiose avec le milieu ambiant ; d'un point de vue sanitaire de précarité de la vie. Probablement, seuls 5 % des individus atteignaient, à l'époque, l'âge de 40 ans. Le mode d'organisation est celui de la tribu qui se déplace sur un territoire relativement restreint en fonction des opportunités de nourriture (présence du gibier et maturation des végétaux). Certains peuples dits aujourd'hui premiers, en particulier dans les zones forestières d'Amazonie, d'Afrique équatoriale, de Nouvelle-Guinée ou des régions arctiques vivent encore peu ou prou ce type d'existence.

Les pasteurs nomades apparaissent d'abord en Mésopotamie vers 10000 av. J.-C. Ce mode de vie se répand ensuite progressivement, d'abord dans une vaste région qui s'étend de l'ouest de l'Inde à la Sibérie et à l'Anatolie, dans la zone sahélienne et dans les Andes. Le premier animal à avoir été domestiqué est sans doute le chien, accessoire de la chasse et élément de protection des campements humains. Il a été suivi par moutons et chèvres, prisés pour leur lait, puis par les porcs, les bovins et les chevaux. Les pasteurs pratiquent la transhumance sur un territoire souvent assez vaste. Leur régime alimentaire comprend aussi des céréales et des tubercules glanés sur leur parcours. Le pastoralisme est toujours pratiqué dans certaines régions de Sibérie, d'Afrique et même en France dans les régions de montagne. Ce mode de vie repose sur un élevage extensif ; il est en général pratiqué en bonne harmonie avec les agriculteurs ou les éleveurs sédentaires, mais les heurts liés à des usages concurrents des territoires ne sont pas rares.

L'agriculture apparaît également en Mésopotamie vers 8000 av. J.-C. Le processus est en fait assez long et passe par une "proto-agriculture", qui consiste pour l'homme à comprendre progressivement le cycle des plantes et à savoir défricher de vastes territoires grâce à la maîtrise du feu. Il est favorisé par la fin de l'ère glaciaire, laquelle permet aux céréales de se développer plus rapidement. Entre 8000 et 4000 av. J.-C., à la période néolithique, plusieurs foyers agricoles apparaissent indépendamment les uns des autres sur la planète : au Proche-Orient, en Inde, en Chine, dans les Andes et au Mexique, chacun foyer de civilisations distinctes. Cette "révolution du néolithique" change le destin de l'humanité. L'accès régulier à un nombre plus important de calories permet un essor inédit de la population qui passe d'environ 2 à 200 millions de personnes entre 8000 av. J.-C. et le début de notre ère au fur et à mesure que l'agriculture se répand sur la moitié de la planète. Les concentrations humaines croissent, donnant naissance aux premières villes, aux premiers royaumes, aux premiers empires. Si les céréales sont la base de l'alimentation dans la plupart des civilisations agricoles, les tubercules peuvent également jouer un rôle central (pomme de terre dans les Andes, manioc en Afrique de l'Ouest) ; elles sont complétées par l'apparition des basses-cours, avec en particulier la domestication des volailles autour de 5000 av. J.-C., et la culture d'espèces végétales complémentaires (arbres fruitiers, légumes, légumineuses). Les civilisations agricoles n'ont cependant pas pour autant éloigné la famine, au contraire, dans la mesure où elles sont apparues plus vulnérables aux épizooties et aux cataclysmes climatiques comme en témoigne le récit des dix plaies d'Égypte que, selon la Bible, Dieu envoie pour punir le pharaon de son refus de libérer les Hébreux : peste animale, grêle qui détruit les récoltes, sauterelles qui dévorent le contenu des silos...

Cette tripartition des groupes humains suivant leur mode de production alimentaire est, dans la réalité, souvent factice de nos jours. Ainsi, obsédé de taxinomie comme a pu l'être le XIXe siècle, le colonisateur belge a-t-il érigé au Rwanda et au Burundi en groupes ethniquement distincts ce qui n'était vraisemblablement qu'une distinction sociale : les Pygmées y sont chasseurs-cueilleurs, les Hutus agriculteurs et les Tutsis pasteurs. Il faut dire que les conséquences de leurs régimes alimentaires divergents créaient une différenciation manifeste qui confortait les préjugés des Européens : les Pygmées mesurent en moyenne 1,50 m, les Hutus sont de taille comparable à celle des Occidentaux et les Tutsis sont en général décrits comme très grands.

PERMANENCES ET RÉVOLUTIONS

De la révolution du néolithique jusqu'aux débuts de l'ère industrielle, l'alimentation n'a connu que des changements mineurs au regard de ces deux moments de bouleversements. Plusieurs espèces se sont répandues sur la planète à la suite de la découverte des Amériques - tomate, pomme de terre, courge, haricot, maïs, arachide, piment, cacao, vanille, ananas, dinde - ou y ont été importées - café, canne à sucre. Outre les produits issus du commerce triangulaire - café, cacao, sucre -, sel et épices, cruciaux pour la conservation des aliments en l'absence de système de réfrigération, jouèrent jusqu'au XVIIIe siècle un rôle central dans l'essor commercial. Les modes alimentaires ont évolué mais elles ont d'abord concerné les classes privilégiées ; l'ordinaire du paysan français n'était pas radicalement différent à la veille de la Révolution de ce qu'il était à l'époque gallo-romaine.

La situation change radicalement à partir de 1850 avec le développement des transports, tant en train qui permet d'acheminer à Paris des primeurs de toute la France, que par liaison intercontinentale avec l'invention du bateau frigorifique en 1876, qui donne à des sections croissantes des populations accès à une nourriture plus variée. La révolution agricole, initiée au XVIIIe siècle en Angleterre et en France, a également produit ses effets, permettant une plus grande abondance des produits. Dans un premier temps en Occident, la multiplication des échanges et l'industrialisation font apparaître de nouvelles formes de produits issus de l'industrie agroalimentaire, dont le développement accompagne les transformations sociales en cours : prise de repas à l'extérieur avec le développement du salariat, plats nécessitant de moins en moins d'intervention domestique au fur et à mesure que les femmes s'emploient en dehors du foyer. On distingue une montée en "gamme"* : depuis les produits frais (qui constituent la première "gamme"), aux produits en conserve développés au XIXe siècle, aux surgelés qui apparaissent dans les années 1930, aux produits sous vide prêts à cuisiner depuis les années 1980 et au XXIe siècle les produits prêts à consommer (cinquième "gamme"). Facilitant la vie, ces produits sont toutefois de plus en plus accusés de lui être nuisibles (voir fiche 5).

L'ALIMENTATION, UN MARQUEUR CULTUREL

Les habitudes alimentaires constituent le marqueur culturel qui, dans le cadre de la migration, persiste le plus longtemps. Alors que la langue ne se transmet en moyenne que sur une génération ou deux, les préférences alimentaires sont souvent transmises sur trois ou quatre générations. Morue portugaise, kefta maghrébin, bortsch russe sont autant de plats typiques qui perpétuent une mémoire familiale. Une communauté va, en effet, se définir à travers ses modes alimentaires. Ainsi, traditionnellement en Chine, sont considérés comme barbares les peuples qui consomment des aliments crus, la civilisation passant par la cuisson. Une tradition alimentaire, ce n'est pas uniquement ce que l'on mange mais comment on mange. La commensalité* varie radicalement d'un pays à l'autre : repas gastronomique français (voir fiche 10), multiples prises de nourriture au cours de la journée en Asie du Sud-Est, plat commun de sauce dans lequel on trempe sa "boule" de céréales en Afrique de l'Ouest, cérémonie du thé au Japon, plateau de mezzés au Levant...

La géographie a longtemps considéré que le mode de production alimentaire conditionnait chaque type de société. Ainsi, le riz est associé à de fortes densités de population : sa culture est le plus souvent très intensive ; il faut une main-d'œuvre nombreuse pour le produire et il permet en retour de nourrir une population dense. Dans la plupart des systèmes de riziculture, chaque paysan est dépendant d'un système collectif d'irrigation, ce qui favorise une vision du monde plus holiste qu'individualiste.

Nos civilisations postindustrielles ont oublié l'importance qu'avait l'alimentation dans la vie des gens. Non seulement la production et la préparation des aliments occupent, dans les sociétés prémodernes, l'essentiel du temps et absorbent encore la majorité des revenus des ménages au début du XXe siècle (voir fiche 4), mais ce que l'on mange est une préoccupation majeure. Il est ainsi frappant de constater que le principal sujet qui figure dans les courriers échangés pendant chacune des deux guerres mondiales est la description de ce que l'on a mangé, de ce que l'on rêve de manger ou de ce que l'on a vu manger.

L'ALIMENTATION, UN ENJEU DE POUVOIR

Qu'il s'agisse du pharaon ou des empereurs de Chine, la première responsabilité des pouvoirs est d'assurer la sécurité alimentaire. Dans la Rome antique, le système de l'annone permettait d'alimenter la ville en organisant la collecte des grains dans les provinces, par réquisition ou achat. Le préfet de l'annone était chargé de l'approvisionnement et du bon fonctionnement des marchés et de la lutte contre la spéculation. Avec l'avènement de l'Empire, le système fut étendu à d'autres denrées comme l'huile et prit de plus en plus souvent la forme de distributions gratuites aux indigents de la ville dont le nombre alla croissant. Avec l'expression *panem et circenses* (du pain et des jeux), le poète latin Juvénal dénonce l'avachissement des Romains qui cèdent à l'évergétisme impérial sans s'assumer eux-mêmes.

De l'Antiquité jusqu'à nos jours, nombre de changements de régime sont le fruit de révoltes frumentaires (voir fiche 13) et la question de la sécurité des approvisionnements alimentaires est constante (voir fiche 9). Mais les enjeux de pouvoir liés à l'alimentation jouent à chaque échelle. Ainsi, au Moyen Âge en Europe, posséder un four était un privilège seigneurial. Le seigneur devait mettre ce four dit "banal" à la disposition de chacun dans le village et percevait en échange une redevance. Un système similaire existait pour les moulins servant à moudre la farine et pour les pressoirs destinés à extraire huile ou jus.

LEMARCHAND Philippe (dir.), *Nourrir les hommes, un dictionnaire*, Neuilly-sur-Seine, Atlande, 2009.

DIAMOND Jared, *De l'inégalité parmi les sociétés*, Paris, Folio, 2007.

QUELLIER Florent (dir.), *Histoire de l'alimentation – De la préhistoire à nos jours*, Belin, Paris, Passés composés, 2021.

RAWLEY Anthony, *Une histoire mondiale de la table*, Paris, Odile Jacob, 2006.

2.
PHILOSOPHIE DE L'ALIMENTATION

Que dit l'alimentation de la condition humaine ?

Au premier abord, l'alimentation paraît bien éloignée des problèmes philosophiques traditionnels et ne semble pas spécifique à la condition humaine. Plantes et animaux s'alimentent également : ils se procurent les éléments nécessaires à leur croissance et à leur conservation. L'alimentation est donc un acte naturel, vital et universellement partagé par les êtres vivants. Mais à y regarder de plus près, l'homme ne s'alimente pas comme il respire ou digère ; la diversité même des termes employés suivant les circonstances (se nourrir, déjeuner, dîner, ingurgiter, déguster, bâfrer...) invite à considérer l'alimentation comme un phénomène particulier qui interroge les différents aspects de l'existence humaine (le rapport au temps, à autrui, à la nature, au travail, au plaisir, etc.), dont les enjeux peuvent être anthropologiques, sociaux, politiques, éthiques ou écologiques.

L'ALIMENTATION, PHÉNOMÈNE NATUREL OU CULTUREL ?

L'alimentation animale est, au sens littéral, immédiate, parce qu'elle se passe de médiations. En effet, dès que le besoin se fait sentir, l'animal se met en quête de ce qui pourra le repaître. Il se sert sans façon de ce qu'il trouve à même la terre et il le mange cru. L'homme, lui, a un rapport médiatisé à la nourriture : il fait son repas, c'est-à-dire qu'il choisit ses aliments, il les transforme et il les cuit. Avec la maîtrise du feu il y a environ 400 000 ans, l'homme a acquis un certain nombre d'avantages : mastication plus aisée, digestion facilitée, conservation des aliments. Si l'être humain est le seul animal à cuisiner, il est également capable de différer son repas même quand il a faim* et il est le seul à se mettre à table, ce qui implique tout à la fois un changement de posture et une parenthèse temporelle dans le cours des activités quotidiennes.

Ce n'est pas seulement le besoin qui meut l'homme vers la nourriture, mais aussi, et surtout le désir. Le premier est naturel, physique, indifférencié (quand on a faim, on pourrait avaler n'importe quoi), alors que le deuxième est culturel, psychologique et s'éveille quand il renvoie à une part d'images ou de souvenirs qui nous sont propres et qui nous procurent du plaisir. C'est ce qui explique qu'on préférera tel plat plutôt que tel autre parce qu'il renvoie à des sensations agréables liées à notre enfance, par exemple - plat qu'on pourra d'ailleurs apprécier quand bien même on n'a pas faim puisqu'il ne s'agit plus ici de simplement combler un besoin. Le désir ouvre la voie à la gourmandise.

L'homme est devenu un animal omnivore très inventif dans la préparation de ses plats. Souvent audacieux dans le choix de ses mets, il a tout testé (herbes, fruits, viande, poissons, champignons...). Ce qui n'est pas le cas des autres animaux, selon ROUSSEAU : "L'[animal] choisit ou rejette par instinct, et l'[homme] par un acte de liberté ; ce qui fait que la bête ne peut s'écarter de la règle qui lui est prescrite, même quand il lui serait avantageux de le faire, et que l'homme s'en écarte souvent à son préjudice. C'est ainsi qu'un pigeon mourrait de faim près d'un bassin rempli des meilleures viandes, et un chat sur des tas de fruits, ou de grains, quoique l'un et l'autre pût très bien se nourrir de l'aliment qu'il dédaigne, s'il s'était avisé d'en essayer." [*Discours sur l'origine et les fondements de l'inégalité parmi les hommes*, 1755]. C'est l'instinct qui parle chez les animaux, il fixe une conduite alimentaire : le chat est carnivore, l'oiseau est granivore. Pour ROUSSEAU, l'animal n'a pas vraiment le choix de ce qu'il mange, contrairement à l'homme qui prend toutes les libertés dans ce domaine, pour le meilleur et pour le pire. Il peut découvrir de nouveaux mets savoureux, comme cela a été le cas avec l'apparition des melons en France à la Renaissance, mais il peut aussi s'intoxiquer mortellement.

Du fait du choix des mets et de l'apprêt qui est le leur, le repas est spécifiquement humain et culturel ; rien n'est naturel dans nos manières de manger. L'usage d'une fourchette et d'un couteau, par exemple, n'a rien de naturel. Jusqu'au Moyen Âge, les hommes utilisaient très peu de couverts, ils mangeaient avec leurs mains, sur une épaisse tranche de pain qu'ils partageaient avec leur voisin de table (d'où les mots "copain et compagnie"). Les coutumes alimentaires obéissent à une évolution historique lente, mais constante, que Norbert ELIAS [1973] appelle le "processus de civilisation". Celui-ci consiste à arracher l'homme à l'animalité pour l'élever vers le raffinement de comportements proprement humains. Selon ELIAS, son évolution n'est que l'aspect partiel d'une modification plus générale et profonde de la sensibilité et des comportements humains: ce ne sont pas seulement les attitudes à table qui changent, mais le rapport que l'homme a à son corps et à ses pulsions (il apprend à les réfréner et à les maîtriser) et celui qu'il a aux autres (il apprend à échanger et à partager de manière courtoise et respectueuse).

INÉGALITÉS SOCIALES ET RAPPORTS DE FORCE

Le repas nous conduit dans le monde proprement humain de la culture et des bonnes manières, mais il est aussi une forme de paradigme des tensions et des excès propres aux êtres humains. C'est ce qu'a remarqué ROUSSEAU dans le *Second discours*, ouvrage qui montre que l'homme social se distingue de l'homme naturel, et que l'entrée en société est à l'origine des inégalités entre les hommes. L'homme sauvage a un simple "besoin d'aliments" et il lui suffit de se livrer à la cueillette et à la chasse, lorsque la faim se fait sentir. Son alimentation est marquée par la simplicité, la frugalité et la juste mesure. La nature lui offre ce dont il a besoin et il s'y inscrit dans une certaine forme d'osmose. À l'inverse, le mode de subsistance des hommes civilisés se présente sous deux formes d'excès: il y a d'abord "les aliments trop recherchés des riches, qui les nourrissent de sucs échauffants et les accablent d'indigestions"; et, de l'autre côté de l'échelle sociale, il y a "la mauvaise nourriture des pauvres, dont ils manquent même le plus souvent, et dont le défaut les porte à surcharger leur estomac dans l'occasion". Dans les deux cas, l'homme se rend lui-même malade, il est lui-même à l'origine de ses propres maux. Avec les excès gastronomiques des riches et les carences nutritionnelles des pauvres apparaissent les maladies, qui ne sont pas le fait de la nature, mais le résultat de "l'extrême inégalité dans nos manières de vivre". L'organisation sociale implique aussi la division du travail (pendant que certains se consacrent à l'agriculture, les autres s'adonnent à la métallurgie, pourvoyeuse d'outils nécessaires au labour des champs, alors que dans l'état de nature, chacun assure par lui-même ses besoins), l'interdépendance (qui vient remplacer l'autosuffisance naturelle) et la propriété (tant que la terre était le bien de tous, il n'y avait pas d'injustices, c'est la différence entre "le tien et le mien" qui génère les occasions de vols et de sentiments "funestes" comme la jalousie ou la rancune), qui sont les ferments des inégalités sociales.

Le repas peut aussi être le théâtre de rapports de force et de pouvoir. On raconte qu'Élisabeth 1re, reine d'Angleterre, s'invitait fréquemment à demeure, accompagnée de toute sa cour, dans les châteaux de son royaume. Les gentilshommes sur qui elle fondait, obligés de sustenter ses royaux appétits, se voyaient du même coup, en peu de temps, complètement dépossédés de leur fortune. Lorsque la reine avait englouti les richesses de ses rivaux, elle pouvait regagner en paix ses pénates, repue de plats exquis et de puissance retrouvée. Qu'il soit historique ou légendaire, ce récit montre en quel sens le repas peut être affaire de rivalités, de pouvoir et de domination et comment il peut devenir une arme politique qui n'utilise aucune forme de violence physique. Autour d'une table - celle-ci peut d'ailleurs être familiale ou amicale - peuvent se jouer des rapports de domination, une hiérarchie imposée qui est comme contenue, ou maintenue en bride par les codes de la bienséance. Le prédateur tient à sa merci ses proies et profite de sa puissance consentie pour les assujettir de façon symbolique, mais néanmoins effective.

Il est ainsi préférable de savoir qui l'on invite à sa table, et certains repas officiels rappellent assez qu'il s'agit d'un acte d'hospitalité qui n'est pas sans conséquence. Le terme "hôte" manifeste bien cette ambiguïté. Du latin *hostis*, il désigne l'hôte dans les deux sens du terme (celui qui invite et celui qui est invité), mais également l'ennemi (le terme a donné "hostile"). Inviter quelqu'un à sa table est donc un signe politique important, un signe d'hospitalité, mais toujours aussi un risque, un pari dangereux, pour les deux partis d'ailleurs, celui qui est invité et celui qui invite. Dans l'*Anthropologie d'un point de vue pragmatique*, KANT [1798] montre que c'est à partir du moment où l'hôte a commencé à manger que chacun peut se sentir rassuré. "Dans la confiance qui règne entre les convives d'une même table, il y a quelque chose d'analogue à d'antiques usages, à ceux des Arabes par exemple ; chez eux, un étranger, dès qu'il a pu obtenir sous leur tente quelque chose à consommer (un verre d'eau), peut se sentir en sûreté ; quand les députés de Moscou, venant à sa rencontre, tendent à l'impératrice de Russie le pain et le sel et qu'elle en a fait usage, le droit d'hospitalité la tient assurée contre toutes les embûches. Manger à la même table est considéré comme la formalité d'un tel contrat de sécurité." S'asseoir à table et manger constituent donc une forme de contrat, de contrat de sécurité ou, de manière plus large, de contrat social qui permet d'ouvrir le champ des négociations et du dialogue. Les discours et la diplomatie peuvent alors prendre le pas sur le règne de la force et des conflits armés.

BIEN S'ALIMENTER ?

L'acte de s'alimenter n'est jamais trivial ni innocent. Il est une manière de consommer et de consumer ce dont nous faisons nos aliments. Nos nourritures sont doublement précieuses, d'abord parce qu'elles sont issues de notre environnement, et l'on sait dorénavant combien il est fragile et non exploitable à l'infini. Elles le sont également parce qu'il en va de notre santé.

Dans ces conditions, qu'est-ce que bien s'alimenter ? Ce n'est pas simplement veiller à ce que, dans nos assiettes, il y ait cinq fruits et légumes par jour, pas trop de graisses ni de sucres. "Bien manger" nous porte au-delà de questions d'ordre diététique ou nutritionnel. Corine PELLUCHON [2020], dans *Nourritures*, écrit cette phrase étonnante : "Manger est un dire". C'est un acte qui dit la place que j'assigne aux autres éléments du monde. Il ne concerne donc pas simplement mes besoins ou désirs individuels, mais il engage des questions fondamentales de mon être-avec-les-autres (autres hommes dans le cadre social - comment penser les déséquilibres et pénuries alimentaires dans le monde ? - et avec les autres êtres vivants - quels végétaux consommer ? Peut-on continuer à manger de la viande ?...) D'une certaine façon aussi, "quand je mange, je vote" parce que mes choix alimentaires ont des répercussions sur les modes de production et sur l'organisation politique et économique. Ainsi, actuellement 90 % des cochons et poulets consommés sont d'origine industrielle. Faire ce choix alimentaire revient à consentir à ce mode de production.

L'alimentation touche à la question des limites, à celle de mon autolimitation à utiliser tout ce qui est bon pour ma conservation, tout en tenant compte du droit des autres à exister. Elle est donc une entrée dans l'éthique et la justice, car mes choix alimentaires expriment la façon dont je considère les autres hommes, les animaux et les végétaux et quel souci je leur porte.

Penser l'alimentation davantage en termes de "nourritures" que de ressources revient à opérer un changement majeur: ne plus penser les aliments comme de simples éléments extérieurs à moi que j'exploite et dont je me sers pour combler un besoin dans une position de conquérant tout-puissant, mais plutôt comme "ce dont je vis". C'est dépasser l'opposition entre nature et culture pour penser l'unité de la condition humaine avec la nature, la fusion qu'évoquait d'ailleurs ROUSSEAU entre l'homme sauvage et son milieu naturel. C'est réconcilier l'écologie, en son sens propre, avec une philosophie de l'existence en pensant *l'oïkos* (d'où vient le "éco" dans écologie), le foyer, l'habitat, tout ce dont je vis, comme faisant partie de ma vie. Lorsque Lévinas, dont s'inspire Corine PELLUCHON, écrit: "Nous vivons de 'bonne soupe', d'air, de lumière, de spectacles, de travail, d'idées, de sommeil, etc.", il ne dit pas autre chose. Il invite à repenser la matérialité de l'existence humaine en insistant sur la corporéité du sujet qui ne peut plus se définir comme seule liberté conquérante par rapport à une nature matérielle qui est comme extérieure à lui. Ce qui nous nourrit, c'est ce qui nous fait vivre, ce qui nous fait être, et cette perspective nous rappelle également que la vie ainsi comprise est toujours en même temps un plaisir, une jouissance.

En ce sens, l'être humain ne mange peut-être pas simplement *pour* vivre ou survivre; il vit *de* quelque chose qui le nourrit. Les aliments ne sont pas des expédients, des moyens, du carburant; ils ne sont pas seconds par rapport à moi. Ils sont ce dont je vis, ils me constituent. Selon PELLUCHON [2020], "le monde est aliment et le fait de se nourrir témoigne d'un rapport originel aux choses qui est un rapport de jouissance, où je ne mange pas pour vivre mais où manger, c'est vivre."

Références bibliographiques

ELIAS Norbert, *La Civilisation des mœurs*, Paris, Agora Pocket, 1973.

KANT Emmanuel, *Anthropologie d'un point de vue pragmatique*, (1798), Paris, Vrin, 1994.

PELLUCHON Corinne, *Les Nourritures*, Philosophie du corps politique, Paris, Points, Seuil, 2020.

ROUSSEAU Jean-Jacques, *Discours sur l'origine et les fondements de l'inégalité parmi les hommes*, (1755), Paris, GF, 2012.

Filmographie

AXEL Gabriel, *Le Festin de Babette*, 1987, d'après la nouvelle éponyme de Karen Blixen.

CHABROL Claude, *Que la Bête meure*, 1969 (la scène du repas familial).

CHAPLIN Charles, *La Ruée vers l'or*, 1925 (la scène de repas imaginaire).

SAUTET Claude, *François, Vincent, Paul et les autres*, 1974 (la scène du gigot).

VON TRIER Lars, *Festen*, 1998.

3.
CULTURES ET ALIMENTATION

Pourquoi ne mangeons-nous pas toutes et tous pareil ?

La France place la gastronomie au cœur de sa culture, et parfois de ses revendications politiques. Des mobilisations contre la "malbouffe", dans les années 1990, au classement du repas gastronomique au patrimoine culturel immatériel de l'humanité par l'UNESCO, en 2010, le pays met en avant ses terroirs et ses chefs, y compris pour gagner en influence au niveau international (voir fiche 10). Dans le même temps, on peut observer une certaine uniformisation du goût et des produits consommés à travers, par exemple, le très grand succès de l'enseigne McDonald's en France, pays qui est le deuxième consommateur mondial de burgers après les États-Unis.

Comment se construisent les cultures alimentaires ? Si le fait de se nourrir est un besoin biologique, la transformation du nutriment* en aliment ressort de la culture, au sens anthropologique. La nourriture est pétrie de symboles, de foi, de magie et fait partie intégrante, au même titre que les rites religieux, l'art ou la langue, des facteurs de différenciation des groupes humains les uns par rapport aux autres. Une culture alimentaire peut ainsi être définie comme "un système symbolique propre à une société qui permet à ses membres de s'y identifier, en éprouvant quotidiennement les pratiques, les goûts et les dégoûts qui la constituent." [Cardon, Depecker et Plessz, 2019] Ce que l'on aime ou n'aime pas manger dit quelque chose de là d'où nous venons : pour le dire avec les mots célèbres du gastronome français du XIXe siècle Brillat-Savarin : "dis-moi ce que tu manges, je te dirai ce que tu es."

DU BESOIN BIOLOGIQUE À LA PRATIQUE CULTURELLE ET SOCIALE

Si le fait de se nourrir est un besoin fondamental de l'être humain, une question de survie, le choix des aliments, leurs techniques de préparation, la façon dont ils sont consommés varient dans le temps et l'espace. Pourtant, l'on peut se demander si derrière-cette diversité, il n'y a pas des points communs entre les différentes cultures alimentaires puisque l'on retrouve, d'un continent à l'autre, d'un peuple à l'autre, des pratiques et des rites (modes de cuisson, interdits alimentaires) qui, sans être identiques, peuvent du moins être comparés.

Ce sont les anthropologues qui se sont les premiers intéressés aux pratiques alimentaires comme pratiques culturelles. Au début du XXe siècle, Audrey Richards travaille sur les pratiques alimentaires des Bembas de Rhodésie (actuel Zimbabwe) et avance que la satisfaction de la faim*, ou plutôt la manière de la satisfaire, est un élément central de la construction culturelle et sociale d'un peuple. Autrement dit, se nourrir est une nécessité, mais c'est aussi une construction culturelle. Après la Seconde Guerre mondiale, Margaret Mead cherche à comprendre ce que manger veut dire dans une société donnée pour promouvoir des pratiques alimentaires plus saines sans que celles-ci soient perçues comme allant à l'encontre de la culture alimentaire des populations concernées (les États-Unis, dans le cadre de son étude).

Dans les années 1960, Claude Lévi-Strauss [1964], adoptant une perspective structuraliste, veut identifier des invariants dans la manière de préparer les aliments. Il développe le schéma du "triangle culinaire" dont les trois sommets sont le cru, le cuit et le pourri, auxquels Lévi-Strauss rattache des modes de cuisson (le rôti est plus proche du cru, le bouilli du pourri) et des éléments naturels (le rôti en lien avec l'air, le bouilli avec l'eau). Ce schéma est une manière de rapprocher des pratiques très diverses, et d'établir une gradation entre nature (le cru) et culture (le cuit). Ainsi, pour Lévi-Strauss, la cuisine révèle les structures fondamentales d'une société et est une dimension centrale du rapport des êtres humains au monde. Il ne s'agit plus de nécessité biologique : l'alimentation est considérée comme un fait culturel à part entière.

GOÛTS ET DÉGOÛTS

Reste à rendre compte de l'incroyable diversité des cuisin pratiques alimentaires : pourquoi aimons-nous certains aliments plutôt que d'autres ? Pourquoi certains nous dégoûtent-ils, tandis que d'autres nous attirent ? Là encore, nature et culture s'entremêlent. Certains aliments - par exemple, l'amanite tue-mouche, un champignon vénéneux au beau chapeau rouge - nous signalent leur dangerosité par leur couleur. D'autres fois, nos goûts et dégoûts sont dictés par notre culture : dans la plupart des pays occidentaux, l'idée de manger du chien est inconcevable, car celui-ci est considéré comme un animal de compagnie. À l'inverse, et l'exemple est presque caricatural, les Français mangent des escargots, animal qui rebute la plupart de nos voisins. La classe sociale, comme l'a montré Pierre Bourdieu [1979], est également un puissant facteur de différenciation des goûts, y compris alimentaires. Les fruits et légumes frais ne sont pas également accessibles à toutes les classes sociales ; là où aujourd'hui les CSP+ ont tendance à manger moins de viande, celle-ci est encore considérée dans les classes populaires comme un symbole de richesse et d'abondance.

Les religions sont également fondamentales dans la construction des cultures alimentaires, et ont été très tôt étudiées dans cette perspective, par exemple par l'anthropologue Mary Douglas [2005]. Il y a, dans la plupart des croyances et religions, des tabous alimentaires, des nourritures interdites, que l'on pense aux pratiques religieuses des peuples indigènes, aux religions monothéistes comme le judaïsme, le christianisme et l'islam, ou bien encore au bouddhisme, à l'hindouisme ou au jaïnisme. L'interdiction de manger du porc, le végétarisme, la nécessité de ne manger que certains aliments à certaines périodes de l'année (Carême, Pessah...) ou le jeûne (Yom Kippour, Ramadan...) sont à la fois liés à des nécessités matérielles (la difficulté de conserver la viande dans des climats chauds, le fait que les vaches et les bœufs sont trop précieux comme fournisseurs de lait et bêtes de trait pour être mangés) et à des systèmes de croyances complexes qui permettent à un groupe de se distinguer des autres.

QUELLES CULTURES ALIMENTAIRES AUJOURD'HUI ?

"L'autre, c'est d'abord celui qui ne mange pas comme soi", disait Françoise HÉRITIER [1985]. Pourtant, il semble aujourd'hui que les effets de la mondialisation tendent à uniformiser les cultures alimentaires, notamment à travers le rôle des multinationales de la restauration (McDonald's) et de l'alimentation (Unilever, Nestlé...). L'alimentation, en particulier dans le contexte d'abondance qui caractérise les sociétés occidentales depuis le milieu du XXe siècle, est indissociable de considérations économiques et politiques. En effet, la France compte beaucoup sur son industrie agroalimentaire* en même temps qu'elle se présente comme un pays de gastronomie attaché à ses terroirs et au "bien manger". La manière dont on se nourrit dépend des traditions nationales, religieuses et familiales, mais également des produits auxquels on a accès (produits frais, produits transformés), des lieux où on les achète (marchés locaux, hypermarchés) et où on les consomme (à la maison, au restaurant, au bureau), ainsi que de la personne qui les prépare (ce qui pose la question des rôles de genre, par exemple).

Dans des sociétés complexes, où l'individualisation des comportements se développe en parallèle de la circulation des pratiques et des plats (qui a fait du burger, de la pizza ou du sushi des nourritures quasi universelles), la nourriture garde cependant sa double fonction d'identification (ce que je mange me rattache à un groupe) et de distinction (ce que je mange me distingue des autres). C'est précisément cela qui en fait une pratique culturelle, et non pas simplement un besoin physiologique. Cependant, à la différence d'autres faits sociaux, l'alimentation se distingue par ce que Claude FISCHLER [1990] a nommé le "principe d'incorporation" : lorsque je mange, mon corps absorbe la nourriture, et par là même je suis relié à l'espace culturel dont elle provient. En mangeant, j'adopte plus ou moins consciemment un système de valeurs. En effet, un plat surgelé consommé devant la télévision n'a pas la même signification qu'un repas préparé à partir d'ingrédients frais et dégusté en famille autour d'une table. On en revient à Brillat-Savarin : ce que nous mangeons (les produits), la manière dont nous le préparons (la cuisine) et le contexte dans lequel nous le dégustons (les repas) sont intimement liés à notre identité individuelle et collective, à la culture, et de plus en plus, *aux* cultures qui nous façonnent et que nous contribuons à construire, y compris dans nos assiettes.

BOURDIEU Pierre, "L'habitus et l'espace des styles de vie", chapitre 3, *La Distinction. Critique sociale du jugement,* Paris, éditions de Minuit, 1979.

CARDON Philippe, DEPECKER Thomas et PLESSZ Marie, *Sociologie de l'alimentation*, Paris, Armand Colin, 2019.

DOUGLAS Mary, *De la souillure. Essai sur les notions de pollution et de tabou*, Paris, La Découverte, 2005.

FISCHLER Claude, *L'*homnivore*: le goût, la cuisine et le corps*, Odile Jacob, 1990.

HERITIER-AUGÉ Françoise, "La leçon des 'primitifs' ", in *L'Identité française* (Actes de colloque), Paris, Tierce, 1985, p. 56-69.

LÉVI-STRAUSS Claude, *Mythologiques 1. Le cru et le cuit*, (1964), Paris, Plon, 1982.

4.
SOCIOLOGIE DE LA CONSOMMATION ALIMENTAIRE

Pourquoi les modes de consommation alimentaire diffèrent-ils entre les ménages et les individus ?

Les analyses consacrées spécifiquement à la consommation sont assez rares parmi les auteurs classiques de la sociologie. Les pratiques de consommation ne sont guère abordées en elles-mêmes et laissent place généralement à une interrogation sur la formation de règles sociales, dans une société perçue en voie d'individualisation croissante. On peut, cependant, citer les travaux du sociologue Gabriel Tarde, concernant la diffusion de certaines normes de comportement, ou encore de Georg Simmel, sur la mode et l'utilisation de l'argent dans les sociétés modernes. C'est Maurice HALBWACHS (1877-1945), disciple d'Émile Durkheim, auteur, entre autres, d'une thèse sur les conditions de vie des ouvriers publiée en 1912, qui apparaît comme un pionnier de la sociologie de la consommation. Cette dernière, et plus particulièrement la sociologie de la consommation alimentaire, entend aller au-delà d'une approche purement économique des comportements, qui considère la consommation avant tout comme une satisfaction des besoins primaires et secondaires, pour étudier la consommation comme une pratique sociale.

DES COMPORTEMENTS ALIMENTAIRES QUI DIFFÈRENT SELON LES CLASSES SOCIALES : LES PREMIÈRES ÉTUDES SOCIOLOGIQUES DE LA CONSOMMATION

Dès la fin du XVIIIe siècle, en Europe, se développent des enquêtes statistiques et monographiques afin de mieux appréhender les habitudes de consommation et les conditions de vie des ouvriers. Ces premières enquêtes sociales, le plus souvent commandées par les élites politiques au pouvoir, ont généralement pour objectif de mieux comprendre de nouveaux phénomènes sociaux et économiques issus de la révolution industrielle, tels que l'urbanisation, une concentration inégale de la population ouvrière dans les villes, la croissance des inégalités socio-économiques entre groupes sociaux, l'augmentation du taux de pauvreté ou les problèmes liés à l'hygiène, la délinquance et la criminalité.

Des enquêtes sociales sont ainsi conduites un peu partout en Europe (Angleterre, France, Allemagne, Belgique) au XIXe siècle. En France, on peut citer les travaux de Jean-Louis Villermé (1792-1863), médecin de formation, auteur d'un rapport très dense, paru en 1840, intitulé *Tableau de l'état physique et moral des ouvriers*, ou encore ceux de l'ingénieur Frédéric Le Play (1806-1882) auteur de l'ouvrage *Les ouvriers européens*, publié en 1855. Ces enquêtes monographiques permettent d'éclairer des éléments qui ne sont pas forcément visibles dans les enquêtes statistiques, tels que l'inscription sociale des dépenses, la dimension non monétaire de la consommation et les logiques d'arbitrage entre les dépenses. La consommation est également une porte d'entrée pour analyser d'autres phénomènes comme celui de la pauvreté. L'objectif de ces premières enquêtes sociales était notamment de réinscrire les dépenses de consommation dans les conditions d'existence des individus qui les réalisent. Ces approches ont toutefois fait l'objet de critiques, liées en particulier à la catégorisation des dépenses et à l'utilisation de l'unité familiale comme unité de référence.

Outre ces travaux monographiques, on citera les travaux du statisticien allemand Ernest Engel (1821-1896) qui cherche à comprendre la structure des dépenses des ménages en fonction de la taille des ménages et de leur niveau de vie. Engel constitue ainsi un échantillon de 153 budgets familiaux, les exploite statistiquement et obtient des résultats qui lui permettent de construire des courbes qui mettent en relation le niveau de revenu et la structure des dépenses.

En 1857, il établit ce qui est considéré comme la première loi de consommation, dite "Loi d'Engel", qui affirme que plus le revenu est faible, plus grande est la proportion de la dépense totale consacrée à l'alimentation. Cette loi suppose ainsi l'existence d'une relation causale entre revenu et consommation alimentaire et sert de socle à la notion d'élasticité, qui permet de mesurer l'évolution de la consommation d'un bien en fonction de l'évolution du revenu. Engel prend en considération dans son analyse la diversité des biens consommés (classement des différents biens consommés en postes de dépenses afin d'avoir une connaissance plus fine de la population étudiée) et la taille des ménages étudiés. Il propose déjà de recourir à des unités de consommation qui permettent de convertir chaque famille en nombre d'unités, par lequel on peut diviser les dépenses.

La loi d'Engel va être par la suite critiquée, notamment par le sociologue français Maurice HALBWACHS. Dans son ouvrage *La classe ouvrière et les niveaux de vie*, publié en 1912, HALBWACHS critique les conclusions, élaborées par Engel, qui tendent à expliquer "par quelques lois simples toutes les tendances consommatrices des ouvriers". Selon HALBWACHS, il est nécessaire de prendre davantage en compte la classe ou la fraction de classe étudiée à laquelle appartient le ménage étudié. La relation entre le niveau de dépenses liées à l'alimentation et le niveau de revenu n'est pas toujours la même en fonction du milieu social dans lequel évoluent les individus. HALBWACHS montre ainsi qu'à revenu égal, les ouvriers et les employés ne vont pas consommer de la même manière : les ouvriers vont consacrer une part plus importante de leur budget à l'alimentation tandis que les employés vont réserver une part non négligeable de leur budget à l'habillement, aux loisirs ou encore à la vie sociale (d'où des dépenses d'habillement plus importantes). HALBWACHS met aussi en évidence des différences de consommation à l'intérieur même de la classe des ouvriers, entre ouvriers agricoles et ouvriers industriels. C'est ce que montre également, bien plus tard, le sociologue Olivier Schwartz dans son ouvrage *Le monde privé des ouvriers* (1990).

Les différentes dépenses des familles dépendent donc, certes, de leur niveau de ressources économiques, mais aussi de leurs habitudes, du processus d'intériorisation de certaines normes et de leur ancrage social. Si à revenu égal, les ouvriers dépensent différemment que les employés, c'est que la variable "revenu" retenue par les statisticiens comme Engel présente un défaut majeur, celui d'ignorer les conditions concrètes d'existence des divers milieux sociaux ainsi que les systèmes de représentation qui leur sont attachés.

À la fin du XIXe siècle, Thorstein VEBLEN propose aussi une approche sociologique de la consommation dans son ouvrage, *Théorie de la classe de loisir*, publiée en 1899, où il met en évidence l'acte de consommation comme signe d'appartenance à une classe sociale. La consommation ostentatoire devient un signe d'appartenance à la classe aisée qui permet de se distinguer des autres classes situées juste en dessous. Dans le même esprit, le sociologue Pierre BOURDIEU publie, en 1979, *La Distinction, critique sociale du jugement*, ouvrage dans lequel il met en avant des différences de goûts, de pratiques culturelles et, de manière plus générale, de styles de vie en fonction de la position des individus dans l'espace social et de leur dotation globale en capital économique, capital social et capital culturel. BOURDIEU utilise le concept d'*habitus* (ensemble des dispositions sociales intériorisées et acquises de manière plus ou moins consciente par l'individu au cours de sa socialisation) pour traduire les différences de styles de vie entre les classes populaires, les classes moyennes et la classe dominante. Le goût traduit ainsi un certain *habitus* de classe et la volonté de se démarquer des autres classes sociales, "le goût est le dégoût des autres", affirmait ainsi le sociologue. S'il met en avant l'importance du facteur économique pour expliquer des habitudes de vie différentes entre les milieux sociaux, il prend également en compte le capital social et le capital culturel. Le rapport à l'alimentation est ainsi fortement orienté par l'*habitus* : les classes populaires vont privilégier des aliments riches, "qui tiennent au corps" et peu coûteux tandis que les classes aisées vont préférer des aliments raffinés, bons pour la santé et l'esthétique du plat. Le rapport au corps est aussi une des variables explicatives des rapports socialement différenciés à l'alimentation : la force et la virilité vont davantage être mises en avant par les classes populaires, qui occupent plus fréquemment des métiers physiques, manuels que les autres classes sociales ; la minceur, le sport et le raffinement sont davantage mis en avant par les milieux sociaux favorisés. De manière plus générale, les classes populaires vont privilégier l'utile et le nécessaire tandis que les classes aisées vont préférer le superflu et l'esthétique.

Les sociologues Claude GRIGNON et Christiane GRIGNON, dans un article paru en 1980 dans la *Revue française de sociologie*, intitulé "Styles d'alimentation et goûts populaires", analysent le lien entre représentations sociales de classe et style d'alimentation. Les deux auteurs s'inscrivent dans un double héritage bourdieusien et halbwachsien ; bourdieusien car ils étudient l'existence de styles d'alimentation socialement marqués comme étant l'expression d'une hiérarchie sociale des consommations, halbwachsien aussi puisque l'étude des ménages de classes populaires leur permet de distinguer des habitudes de consommation entre employés et ouvriers.

DES ÉCARTS DE CONSOMMATION ALIMENTAIRE ENTRE LES MILIEUX SOCIAUX QUI SE RESSERRENT, MAIS DEMEURENT ENCORE AUJOURD'HUI

Les travaux de HALBWACHS, de GRIGNON et de GRIGNON, de BOURDIEU constituent un point de référence pour la sociologie des classes sociales et des styles de vie ainsi que pour la sociologie de l'alimentation. À la fin du XXe siècle, un débat apparaît toutefois entre ceux qui considèrent que les différences de classes jouent un rôle de plus en plus négligeable dans le façonnement de l'alimentation au niveau individuel et ceux qui affirment que des différences liées à la position sociale perdurent. La thèse de la moyennisation, annoncée notamment en France par Henri Mendras dans son ouvrage *La seconde Révolution française* [1988] argumente sur la "fin présumée des classes sociales" : les modes de vie et les consommations alimentaires tendraient ainsi à s'homogénéiser en raison d'un mouvement global de mondialisation, de diffusion d'une certaine "culture de masse" et de l'individualisation de la société. Cependant, même si de grandes tendances se dessinent et montrent une diminution générale du poste budgétaire consacré à l'alimentation dans les ménages, des écarts de consommation demeurent entre les milieux sociaux.

Les enquêtes *Budgets de famille*, réalisées par l'INSEE tous les 5 ans environ depuis 1979, visent à reconstituer la comptabilité des ménages et à rendre compte des inégalités en termes de pratiques de consommation. D'autres enquêtes statistiques complémentaires soulignent que, depuis 1960, les ménages consacrent à l'alimentation une part de plus en plus réduite de leurs dépenses de consommation : 20 % en 2014 contre 35 % en 1960. En 50 ans, la consommation alimentaire par habitant a malgré tout augmenté régulièrement en volume, mais moins rapidement que l'ensemble de la consommation. La composition du panier alimentaire s'est elle aussi modifiée : la viande, les fruits et les légumes, les pains et les céréales et les boissons alcoolisées progressent moins vite que les autres produits alimentaires. La hausse du pouvoir d'achat des ménages, l'évolution contrastée des prix des différents produits et la baisse du temps consacré à la cuisine contribuent à la modification des pratiques alimentaires. Avoir un faible niveau de vie conduit logiquement à affecter une part plus élevée de son budget à l'alimentation à domicile. Ainsi, selon l'enquête *Budget des familles* de 2011, les ménages du premier quintile de niveau de vie y consacrent 4,5 points de plus que les ménages du cinquième quintile. À niveau de vie équivalent, la part de l'alimentation à domicile est aussi plus importante pour les ménages qui ont des enfants. Il en est de même si les ménages sont plus âgés que la moyenne ou s'ils sont employés ou ouvriers.

Ces caractéristiques socio-économiques influent également sur la composition du panier alimentaire. Pour les ménages peu aisés, le panier comporte davantage de pain et céréales, mais moins de poisson, de boissons alcoolisées, de fruits, et légèrement moins de viande. Celui d'un ménage plus âgé comprend davantage de viande, de poisson, de fruits et légumes, mais moins de boissons alcoolisées et de plats préparés. Les différences de consommation alimentaire s'expliquent par des différences de milieu social, mais pas seulement. En effet, les variables de l'âge, du genre ou encore du lieu d'habitation doivent également être prises en considération. Par exemple, en ce qui concerne les sorties au restaurant, les ménages dont la personne de référence est cadre ou exerce une profession libérale, a moins de 35 ans, habite une grande ville ou a un niveau de vie élevé y consacrent une plus grande part de leur budget. Les enquêtes statistiques réalisées par l'INSEE soulignent ainsi l'existence encore aujourd'hui de disparités dans les manières de consommer, en fonction de l'âge, du genre, du milieu social, du lieu d'habitation et de la profession.

DES RÉCEPTIONS SOCIALEMENT DIFFÉRENCIÉES DES MESSAGES NUTRITIONNELS ET DE CONSOMMATION DURABLE

Enfin, le dernier point à aborder afin d'illustrer la persistance d'inégalités alimentaires est la réception socialement différenciée des messages nutritionnels adressés par les pouvoirs publics. Les enjeux liés à la santé sont en effet mieux pris en compte parmi les classes moyennes et les classes aisées. Les personnes en surpoids et l'obésité sont des phénomènes plus fréquents parmi les ménages modestes. Dans une perspective bourdieusienne, l'attention au corps et à la santé est plus marquée parmi les ménages aisés. Le facteur économique explique des différences de qualité des produits alimentaires achetés (des produits de moindre qualité nutritionnelle sont achetés par les ménages les plus modestes), mais la prise en considération des enjeux liés à la santé est davantage présente chez les ménages aisés.

Concernant la consommation de produits issus de l'agriculture biologique, celle-ci peut aussi apparaître socialement marquée : si l'on remarque une forte augmentation générale de la consommation de produits biologiques, cette consommation n'est pas également répartie parmi les consommateurs. Ce type de consommation peut aussi être perçue comme un signe de distinction sociale.

Références bibliographiques

BOURDIEU Pierre, *La distinction : critique sociale du jugement*, Paris, éditions de Minuit, 1979.

CARDON Philippe, DEPECKER Thomas et PLESSZ Marie, *Sociologie de l'alimentation*, Paris, Armand Colin, 2019.

CHAUVEL Louis, "Du pain et des vacances : la consommation des catégories socioprofessionnelles s'homogénéise-t-elle (encore) ?", *Revue française de sociologie*, vol. 40, n° 1, p. 79-96.

GRIGNON Claude, "Une sociologie des normes diététiques est-elle possible ?", *La Vie des Idées*, n° 27, janvier 2015 [En ligne].

GRIGNON Claude et PASSERON Jean-Claude, *Le savant et le populaire. Misérabilisme et populisme en sociologie et en littérature*, Paris, Seuil, 1989.

GRIGNON Claude et GRIGNON Christiane "Styles d'alimentation et goûts populaires", *Revue française de sociologie*, vol. 321, n° 4, 1980, p. 531-569.

HALBWACHS Maurice, *La classe ouvrière et les niveaux de vie. Recherches sur la hiérarchie des besoins dans les sociétés industrielles contemporaines*, Paris, Alcan, 1913.

VEBLEN Thorstein, Théorie de la classe de loisir, (1899), Paris, Gallimard, 1970.

5.
LES INDUSTRIES AGROALIMENTAIRES

Pourquoi la place prise dans notre alimentation par l'industrie agroalimentaire conduit-elle à repenser notre système alimentaire ?

Des pâtes à la sauce tomate. Un plat quotidien, simple et économique qui se retrouve souvent dans nos assiettes et qui révèle surtout la place importante des produits transformés par l'industrie dans notre alimentation. Le concentré de tomates, par exemple : de nouvelles variétés de tomates très fermes, génétiquement modifiées, pour être cultivées dans les vastes exploitations du Xinjiang (Chine) et résister au transport jusqu'aux usines où elles sont transformées en une pâte rougeâtre qui, une fois mise en baril, est exportée dans le monde, notamment auprès de fabricants italiens qui y ajoutent de l'eau et des condiments pour proposer une large de gamme de sauces dans les étals de magasins, dans les plats préparés ou dans les chaînes de restauration. Ce système, dont le journaliste Jean-Baptiste MALET a récemment dressé le fonctionnement et ses dérives dans *L'Empire de l'or rouge* [2017], concerne le quart de la production des tomates dans le monde.

UN SECTEUR AGROALIMENTAIRE STRUCTURÉ ET MONDIALISÉ

L'industrie agroalimentaire* (IAA) désigne une filière regroupant un ensemble d'acteurs qui contribuent à la transformation de produits issus de l'agriculture et de la pêche dans des industries et qui sont destinés à la consommation humaine et animale. Si les produits agricoles et les ressources halieutiques fondent le cœur du système, l'IAA est une filière de production complète qui regroupe trois secteurs d'activités. En amont, on retrouve des activités agricoles (nourriture pour bétail, semences), des activités industrielles (machinerie, produits phytosanitaires) et des services (agronomie, services bancaires de crédit et d'assurance). En aval, elle met en jeu l'ensemble des activités liées à la transformation des produits agricoles, à leur conditionnement (packaging, conserverie), à leur transport (logistique) et à leur commercialisation (marketing, commerce de gros et de détail, restauration hors domicile).

L'ensemble des acteurs sont intégrés dans un système productif dont l'échelle peut varier, avec des systèmes productifs locaux (comme les SYAL, systèmes agroalimentaires localisés) ou internationaux. C'est ainsi que le second XXe siècle, marqué par le développement d'une agriculture productiviste dédiée à l'exportation internationale, a vu se multiplier les géants de l'agrobusiness comme Cargill, Nestlé, Unilever, Danone, Lactalis, PepsiCo, Mondelèz et Xinjiang Chalkis pour la tomate. Le géant suisse Nestlé est ainsi présent dans de nombreux secteurs d'activité, avec plus de cinquante marques de notre quotidien, que ce soit les produits laitiers (Guigoz), l'épicerie (Kit Kat, Chocapic, Lion, Nesquik, Smarties, Nespresso), les viandes (Buitoni), les boissons (Contrex, Hépar, Perrier, Vittel, San Pellegrino) et l'alimentation animale (Felix, Friskies, Fido). Nestlé s'est même associé à d'autres multinationales pour peser sur le marché mondial, en fondant, par exemple, en 2006 l'entreprise Lactalis-Nestlé Produits Frais, nouveau géant mondial des produits laitiers frais (La Laitière, Flanby). Ces quelques multinationales dominent le système agroalimentaire mondial alors que l'essentiel de la production repose essentiellement sur de petites entreprises (en France, 98 % des entreprises de l'IAA sont des PME).

L'IAA pèse lourd dans de nombreuses économies nationales, dont la France. Trois quarts des exportations agricoles et agroalimentaires françaises sont des produits transformés. Cela témoigne du poids de l'IAA qui contribue à faire de la France le 6e exportateur agroalimentaire mondial (derrière les EÉtats-Unis, les Pays-Bas, l'Allemagne, le Brésil et la Chine). En 2019, le secteur agroalimentaire français regroupait 16431 entreprises générant 436547 emplois (1er employeur du secteur industriel) pour un chiffre d'affaires de 197,5 milliards d'euros (2e pays européen derrière l'Allemagne). L'IAA française est marquée par une prédominance de trois secteurs d'activité : la transformation et préparation de produits à base de viande, la fabrication de produits laitiers et la fabrication de boissons. La France compte notamment sur des géants de l'agroalimentaire pour rester compétitive dans un marché mondial où les habitudes alimentaires et les concurrences évoluent en permanence. Avec le géant Danone, la France compte de nombreuses multinationales comme Bonduelle pour la transformation industrielle de légumes, l'entreprise Pernod-Ricard pour les vins et spiritueux, ou le groupe Roquette Frères spécialisé dans les ingrédients d'origine végétale (amidons, sirops de glucose, édulcorants).

UN SECTEUR AGROALIMENTAIRE AU CŒUR DES DÉBATS DE SOCIÉTÉ

Le poids des géants dans l'IAA pose de nombreuses interrogations sur le fonctionnement de ce système mondialisé et de son avenir. De grands groupes se retrouvent régulièrement au cœur de scandales alimentaires, que ce soit pour des raisons sanitaires (salmonelle, listeria), sociales (entente illégale sur les prix), environnementales (impact écologique) ou politiques (poids des lobbys auprès des gouvernements). Cela conduit les professionnels du secteur à développer des moyens de différenciation, comme la démarche de labellisation, gage d'identification de la qualité du produit ou de son origine pour le consommateur. Le secteur agroalimentaire français a ainsi développé une politique de labellisation comme Label rouge, l'IGP (indication géographie protégée) ou l'AB (agriculture biologique). Le législateur agit également pour renforcer la sécurité alimentaire et réduire les risques qui pèsent sur notre système alimentaire, par exemple en faisant évoluer la législation sur la traçabilité de la viande ou en instaurant le Nutri-Score* (voir fiche 6).

L'IAA est également un enjeu géopolitique majeur. La constitution d'un système alimentaire mondialisé a conduit à l'établissement de rapports de force entre les acteurs publics et privés, et même entre les États. C'est le cas de certains fromages français, de vins et de champagnes qui souffrent régulièrement de menaces de taxation, de restriction ou d'interdiction à l'importation dans d'autres pays. Les États-Unis agitent ainsi régulièrement la menace d'augmenter les droits de douane sur le roquefort (dont la production est dominée par Lactalis), en réponse à des décisions françaises comme celle de l'interdiction de commercialiser du bœuf aux hormones dans l'UE (2009) ou de taxer les GAFA (2019). Si l'OMC permet de résoudre la plupart des conflits - ou du moins d'apaiser les tensions - l'organisation internationale s'efforce également de peser face aux États et aux FTN du secteur pour faire appliquer des normes alimentaires communes.

L'IAA questionne également nos sociétés par son impact environnemental et paysager. Que ce soit l'apparition de vastes fronts pionniers (huile de palme, cacaoculture, maïs...) ou la modification d'un paysage "rural" suite à la mise aux normes de bâtiments agricoles ou à l'implantation d'équipements et d'infrastructures destinées à la transformation et au transport des produits, les paysages sont modifiés en permanence par les évolutions de l'IAA. Des acteurs y voient une opportunité de redynamiser un territoire, par exemple avec la patrimonialisation favorable au développement du tourisme (la visite des biscuiteries LU, des maisons et caves de champagne à Épernay...). D'autres y voient une atteinte à la "ruralité" et aux "terroirs", conduisant à des conflits d'acteurs. L'ouverture d'une ferme porcine géante de 26 étages à Ezhou (Chine) en octobre 2022, pouvant accueillir 650000 animaux, illustre l'impact paysager du développement d'un secteur agroalimentaire productiviste et vertical.

En réponse à ces effets de l'IAA sur nos sociétés, des consommateurs et des acteurs du secteur se sont engagés en faveur d'une transition agroalimentaire, c'est-à-dire le passage du système agroalimentaire apparu au XXe siècle à un nouveau système qui prend davantage en compte les nouvelles attentes et pratiques alimentaires (une sécurité accrue, une meilleure rémunération des producteurs, le bien-être animal, un impact réduit sur l'environnement, une alimentation moins riche en viande...). Cette transition agroalimentaire touche directement l'IAA qui doit articuler ces nouvelles habitudes de consommation (la transition alimentaire) avec de nouveaux modes de production (la transition agricole). Cela conduit les professionnels du secteur à repenser les filières agro-industrielles: soit en s'adaptant (développer une agro-industrie productiviste plus respectueuse de l'environnement, avec l'agriculture biologique et les circuits courts, par exemple), soit en passant de l'agro-industrie à l'agroécologie (délaisser le modèle productiviste pour des pratiques agricoles plus durables, comme l'agroforesterie ou la réintroduction de variétés anciennes, par exemple).

Les deux modèles nécessitent, dans tous les cas, d'innover pour réussir à maintenir une alimentation de qualité, en quantité suffisante pour tous et respectueuse de l'environnement. Les avancées de la biotechnologie et les recherches récentes sur les microbiomes permettent, par exemple, de penser l'agriculture de demain en économisant des terres agricoles tout en augmentant les rendements. Si les géants de l'agrobusiness comme Danone et Nestlé ont développé des branches "nutrition et santé" pour faire progresser la recherche agroalimentaire, cela contribue toutefois à renforcer davantage leur poids dans le système de demain.

La consommation de produits issus de l'IAA est devenue quasi incontournable. Les dérives et les scandales médiatisés, ainsi que les impacts sociaux et environnementaux d'un agrobusiness mondialisé, ont conduit des consommateurs et des producteurs à repenser l'agroalimentaire. L'IAA est donc en pleine mutation, avec plusieurs voies qui coexistent aujourd'hui, dans un contexte d'accroissement de la demande alimentaire et de libéralisation croissante des échanges.

Références bibliographiques

Fumey Gilles, Raffard Pierre, *Atlas de l'alimentation*, Paris, CNRS Éditions, 2018.

Fumey Gilles, *Manger local, manger global*, Paris, CNRS Éditions, 2021.

Malet Jean-Baptiste, *L'Empire de l'or rouge. Enquête mondiale sur la tomate d'industrie*, Paris, Fayard, 2017.

6.
POLITIQUES PUBLIQUES DE L'ALIMENTATION

À quoi servent les politiques publiques alimentaires ?

La Déclaration universelle des droits de l'homme proclame, en 1948, le droit à l'alimentation. Cela implique la responsabilité des pouvoirs publics d'assurer aux individus "la possibilité physique, sociale et économique de se procurer une nourriture suffisante, saine et nutritive lui permettant de satisfaire ses besoins et préférences alimentaires pour mener une vie saine et active", selon la définition de la sécurité alimentaire proposée par le Comité de la sécurité alimentaire mondiale des Nations Unies.

Les politiques alimentaires visent principalement deux objectifs : garantir une nourriture suffisante et promouvoir des références nutritionnelles compatibles avec une vie saine. Dans un contexte de dérèglement climatique, des enjeux de résilience écologique y ont également été intégrés.

LES POLITIQUES PUBLIQUES POUR PRÉMUNIR CONTRE LA FAIM ET GARANTIR L'ALIMENTATION

Le premier objectif des politiques publiques est de garantir l'accès à l'alimentation en quantité suffisante. Les outils utilisés vont différer selon le niveau de développement des pays et l'échelle d'intervention (internationale, étatique, locale) où elles sont menées.

La lutte contre la faim concerne de nombreux pays et justifie une intervention à l'échelle internationale. L'Organisation des Nations Unies pour l'alimentation et l'agriculture (FAO*) est créée en 1945. Dès 1961 est mis en place le Programme alimentaire mondial (PAM*), le Fonds international de développement agricole (FIDA) suit en 1977. Ces dispositifs visent prioritairement à élaborer et financer des programmes de développement pour les populations rurales des pays en développement. Pour parvenir à lutter contre la sous-nutrition, l'assistance alimentaire internationale est fournie sous forme d'aide budgétaire par les organisations non gouvernementales et certains pays développés. En 2015, les pays membres de l'ONU ont adopté l'Agenda 2030, programme qui définit dix-sept objectifs de développement durable, dont l'objectif "Faim 'zéro'". L'action internationale vise alors les populations les plus exposées à la famine*.

La lutte contre la sous-nutrition se joue aussi à l'échelle étatique. Plusieurs stratégies sont nécessaires pour augmenter en moyenne l'accès à la nourriture sur un territoire : jouer sur les quantités (augmenter la production agricole) ou sur les prix (les stabiliser ou les abaisser pour éviter que des denrées essentielles soient inaccessibles). À cet effet, des mesures protectionnistes et des entreprises commerciales d'État peuvent être mises en place. Par exemple, l'Égypte a mené de nombreuses politiques de subventions alimentaires après son indépendance, notamment pour la production de pain *baladi* reconnu comme élément de base de l'alimentation. L'intervention publique peut également s'appuyer sur le succès d'expériences locales, comme ce fut le cas au Brésil. La ville de Belo Horizonte a réalisé, en 1993, des actions phares de lutte contre l'insécurité alimentaire* : financement de restaurants populaires (20 000 repas par jour), épiceries subventionnées, programme d'éducation à l'alimentation… qui ont plus tard inspiré les actions nationales. Dans les pays développés, c'est la notion de "précarité alimentaire" qui s'est imposée, elle fait référence aux difficultés d'insertion sociale qui peuvent résulter d'un accès à l'alimentation insuffisant, insatisfaisant ou inadéquat par apport aux préférences. En effet, les inégalités qui perdurent au sein des populations exposent toujours les plus défavorisés et rendent nécessaire l'intervention du secteur public (en France, l'État y a alloué 291,4 millions d'euros en 2020), relayée par le secteur associatif (le réseau des Banques Alimentaires, par exemple). En France, selon le Comité national de coordination de la lutte contre la précarité alimentaire, en 2020, l'aide alimentaire concerne 7 millions de personnes.

Enfin, dans un contexte de libéralisation des échanges, les pouvoirs publics des pays développés ont également pris des mesures protectionnistes. Par exemple, l'un des objectifs poursuivis par la politique agricole commune (PAC) de l'Union européenne, depuis 1962, est de conserver un tissu agricole dense. Les subventions ont pérennisé la production agricole, permettant ainsi de garantir une certaine autosuffisance alimentaire au sein des États membres, malgré l'effondrement de la part de l'emploi dans le secteur primaire.

LES POLITIQUES PUBLIQUES POUR PRÉSERVER LA SANTÉ DES INDIVIDUS

Dans les pays développés, sans déficit alimentaire chronique, l'action des pouvoirs publics est prioritairement motivée par des raisons sanitaires (identifier les risques et s'en préserver) et nutritionnelles (qualité alimentaire et prévention contre les autres formes de malnutrition*).

Les préoccupations sanitaires liées à l'alimentation émergent historiquement à la fin du XIXe siècle et conduisent à la mise en place, en France, de systèmes de contrôle législatif (en particulier la loi du 1er août 1905 sur les fraudes et falsifications de produits). Dans les années 1980, l'agro-industrie se développe (voir fiche 5) et, avec elle, la multiplication de crises qui révèlent les défaillances du contrôle public face à ce nouveau modèle productif (affaire du "poulet à la dioxine", maladie dite de la "vache folle"…). C'est dans ce contexte que sont créées des agences de contrôle et d'évaluation des risques sanitaires (à l'échelle européenne et française). Actuellement, c'est l'Agence nationale de sécurité sanitaire de l'alimentation, de l'environnement et du travail (ANSES) qui tient ce rôle et oriente l'action publique en France.

Toutefois, l'exigence de transparence sur la provenance et la qualité des produits de la part des consommateurs s'est faite de plus en plus prégnante. Cette implication croissante de la société civile a participé à la construction de l'alimentation comme "problème public" [GUSFIELD, 2009] et a contraint les pouvoirs publics à adapter leurs modalités d'action. Par exemple, le président français, Emmanuel Macron, a mis en place, en 2017, les États généraux de l'alimentation qui ont conduit à l'adoption de la loi agriculture et alimentation (aussi appelée EGAlim). Parallèlement, les associations de consommateurs ont été davantage associées au processus décisionnel et des initiatives publiques ont été mises en place (comme le site gouvernemental "Alim'confiance", qui rend accessibles les résultats des contrôles sanitaires effectués dans les établissements relatifs aux produits alimentaires).

Le deuxième type de politique alimentaire concerne la qualité nutritionnelle de l'alimentation, vue comme un ensemble de protéines, lipides, glucides, vitamines ou minéraux. Des normes précises sont ainsi élaborées et promues afin de prévenir les maladies non transmissibles par une alimentation saine (voir fiche 11). Les pouvoirs publics ont adapté ces recommandations au contexte sociogéographique.

Selon Fouilleux et Michel [2020], dans le cas français, les politiques publiques ont prioritairement dirigé leur action contre la "sous-alimentation", entendue ici comme une alimentation carencée. Pour prévenir les pathologies, leur action a d'abord ciblé certains nutriments* (prioritairement fer, vitamine A, iode et zinc). L'iode, par exemple, est indispensable à une sécrétion normale d'hormones, et les régimes alimentaires classiques n'en permettent pas une consommation suffisante. Suivant les recommandations de l'OMS et de l'UNICEF, l'État français rend possible, depuis 1952, l'enrichissement en iode des sels de table, afin d'éviter les risques d'un apport insuffisant (notamment des retards de développement neuro-intellectuel chez l'enfant ou le développement d'un goitre).

Toujours selon Fouilleux et Michel [2020], on constate à la fin du XXe siècle un déplacement dans la prise en charge des questions alimentaires, de la "sous à la suralimentation". En effet, le champ principal d'intervention des pouvoirs publics concerne aujourd'hui la lutte contre la progression des cas de surpoids et d'obésité. Les normes nutritionnelles et leur diffusion sont fixées en France par le ministère de la Santé avec le Programme national nutrition santé (PNNS*) depuis 2001, auquel s'ajoute depuis 2010 le Programme national pour l'alimentation (piloté par le ministère de l'Agriculture). Leur ambition est d'imposer des références nutritionnelles communes. Pour cela, les principales stratégies utilisées au cours des plans successifs sont la réglementation et la médiatisation (par exemple, l'obligation pour les publicitaires de préciser de ne pas manger "trop gras, trop sucré, trop salé"). Depuis 2016, le Nutri-Score* permet également aux consommateurs de se repérer sur une échelle nutritionnelle à cinq niveaux : de A (vert) le plus qualitatif au E (rouge) le moins qualitatif. C'est un outil cependant critiqué pour ses limites, notamment le fait que son utilisation soit facultative ou encore que le mode de production ne soit pas pris en compte (un aliment ultra-transformé ou un légume seront jugés selon les mêmes critères).

La promotion de ces normes peut directement se faire auprès des enfants et adolescents à l'école, dans les restaurations scolaires. La réglementation révèle à la fois l'attention nutritionnelle (respecter les besoins) et éducationnelle (promouvoir des habitudes) portée au repas des élèves. Les législations ont évolué parallèlement aux considérations alimentaires. Ainsi, la loi climat et résilience, promulguée en 2021, oblige les collectivités à proposer des repas composés de 50 % de produits durables et de qualité (dont 20 % de bio).

PRÉSERVATION DE L'ENVIRONNEMENT ET ALIMENTATION : DES POUVOIRS PUBLICS TENUS DE PRENDRE EN COMPTE LEUR INTERDÉPENDANCE

Les aliments sont désormais envisagés de manière multidimensionnelle et ne peuvent plus être dissociés des conditions économiques et écologiques de leur production. Selon l'ADEME, en France, en 2019, 25 % des émissions de gaz à effet de serre sont occasionnées par la production alimentaire (voir fiche 12). Les liens réciproques entre préservation de l'environnement et sécurité alimentaire nécessitent en effet que les deux enjeux soient considérés simultanément par les pouvoirs publics. D'un côté, la production alimentaire est compromise par le dérèglement climatique (la montée des phénomènes météorologiques extrêmes pourrait déstabiliser l'approvisionnement et la qualité des productions) ; de l'autre, la production agro-industrielle et le nouveau mode de distribution alimentaire ont eu des conséquences environnementales désastreuses (utilisation excessive des terres et de l'eau douce, perte de biodiversité, surproduction de plastiques, etc.).

Les institutions rappellent l'interdépendance des questions alimentaires et environnementales à différentes échelles et la nécessité de prendre des mesures capables d'assurer un modèle agricole durable et résilient. C'est le sens du rapport de l'ONU sur l'état de la sécurité alimentaire de 2021, du dispositif "de la ferme à la table" présenté par la Commission européenne en 2020 dans le cadre du pacte vert pour l'Europe ou encore de la stratégie "France 2030" qui précise que "nourrir sainement une population croissante exige de décarboner la production".

Pour répondre simultanément au défi écologique et aux inégalités alimentaires, le collectif pour une Sécurité sociale de l'alimentation, créé en 2019, promeut la mise en place d'un système de subventions, à hauteur de 150 euros par personne et par mois, pour l'achat d'aliments conventionnés. L'objectif de ce dispositif est double : faciliter l'accès aux produits bio, frais et de qualité afin de réduire les inégalités alimentaires et favoriser les productions les plus durables.

FOUILLEUX Ève et MICHEL Laura, *Quand l'alimentation se fait politique(s)*, Presses Universitaires de Rennes, 2020.

GUSFIELD Joseph, *La culture des problèmes publics. L'alcool au volant : la production d'un ordre symbolique*, Paris, Économica, coll. Études Sociologiques, 2009.

7.
DROIT DE L'ALIMENTATION ET LABELS EUROPÉENS

À quoi sert un droit de l'alimentation ?

Le droit de l'alimentation s'avère paradoxalement méconnu, alors que le secteur agroalimentaire représente, en France et en Europe, le premier secteur industriel. Cette méconnaissance s'explique par deux raisons principales. D'abord, le fait que cette activité n'est pas régie par un seul corps de règles. En effet, les activités de production alimentaires sont encadrées par le droit civil, mais aussi par des dispositions spécifiques propres aux activités commerciales, à la consommation. Il n'y a donc pas de véritable unité ni *a fortiori* un texte unique. Ensuite, ce n'est qu'avec l'augmentation drastique de la population et les deux conflits mondiaux au XXe siècle que la nécessité de mieux réglementer le secteur va se faire sentir. Le corps de règles est donc relativement récent.

Si le commerce alimentaire s'est développé dès l'Antiquité, en particulier à cause de la demande croissante de céréales, l'essentiel de l'alimentation était produit et consommé sur place. La situation va radicalement changer avec l'augmentation de la population mondiale à partir du XIXe siècle, la mécanisation et les progrès de la science. Les conflits mondiaux et les difficultés alimentaires qu'ils entraînent (famines, rationnement, marché noir) vont, en particulier en Europe, pousser à mettre en place des politiques agricoles pour répondre à ces pénuries. Puisque ces évolutions s'effectuent avant tout à un niveau global ou régional (Union européenne), le droit de l'alimentation se caractérise non seulement par des dispositions nationales, mais aussi par une action institutionnelle internationale importante. L'Organisation des Nations Unies pour l'alimentation et l'agriculture (Food and Agriculture

Organization – FAO) est ainsi créée en 1945 et compte aujourd'hui 195 membres (194 États + l'Union européenne) ; elle a pour objectif d'assurer la sécurité alimentaire. L'un de ses apports principaux en termes de réglementation est le *codex alimentari*. Il s'agit de normes dont la finalité est d'assurer que les échanges alimentaires soient réalisés dans les conditions optimales de sécurité sanitaire. Ces règles concernent l'hygiène alimentaire, les résidus de pesticide, l'étiquetage... L'objectif est double : assurer la sûreté, mais aussi faciliter la circulation des marchandises en proposant une réglementation harmonisée.

Les enjeux soulevés par le droit alimentaire se nouent en effet à ce niveau. Il faut à la fois pouvoir écarter les réglementations nationales qui pourraient entraver la circulation des marchandises tout en préservant ou fixant des règles qui assurent la sécurité, en particulier sanitaire, et la mise en valeur ou la protection de la qualité des productions locales.

GARANTIR LA SÉCURITÉ ALIMENTAIRE DES CONSOMMATEURS

La sécurité alimentaire pose deux questions principales en termes de droit et de politique publique. La première concerne l'élaboration de la législation ; la seconde renvoie aux obstacles que rencontrent les administrations européennes ou nationales pour mettre en œuvre cette législation.

Le législateur et les autorités réglementaires fixent les normes à respecter pour pouvoir produire et mettre sur le marché des produits. Le consensus s'avère parfois difficile à trouver, car les intérêts des acteurs du marché peuvent diverger. Par exemple, le principal risque pour le consommateur de produits crus est une bactérie : la salmonelle. Pour écarter ce risque, il faudrait cuire ou pasteuriser les aliments, ce qui aurait pour conséquence de détruire nombre de filières qui commercialisent des produits crus ou non pasteurisés (fromageries, saumon fumé...). C'est la raison pour laquelle-les normes adoptées ont été définies et qui obligent les opérateurs à mettre en place des modes de production très sécurisés. Ce qui induit bien évidemment un coût supplémentaire. La réglementation sur les pesticides constitue un autre exemple de débats en la matière. L'agriculture traditionnelle fait usage de pesticides, c'est-à-dire de produits pour tuer des insectes (insecticides), des champignons (fongicides) et des "mauvaises" herbes (herbicides). L'industrie chimique en promeut l'usage tandis que des associations de consommateurs et des scientifiques en soulignent la dangerosité. Les débats sur une catégorie particulière de pesticides, les néonicotinoïdes, demeurent aujourd'hui encore au cœur de l'actualité. En effet, alors que les autorités nationales et de l'Union européenne envisageaient de les supprimer totalement, les producteurs de betteraves sucrières ont obtenu leur autorisation provisoire en France en 2021.

Une fois la règle déterminée, encore faut-il en garantir le respect. La partie la plus visible pour le consommateur réside sans doute dans les campagnes de rappel de produits, car impropres à la consommation. La présence de substances dangereuses (bactéries...) peut être relevée à la suite d'un contrôle préalable (soit un autocontrôle effectué par le commerçant, soit par l'administration). Malheureusement, il arrive aussi que le constat soit établi après qu'une ou plusieurs personnes ont été contaminées. Même si des procédures en responsabilité existent, les risques pour les personnes contaminées peuvent être graves. Il est donc nécessaire d'assurer d'une mise en œuvre rigoureuse de la législation. Au niveau national, ce sont les services vétérinaires et de la répression des fraudes qui assurent les contrôles. En France, ce rôle est essentiellement exercé au niveau local par la Direction départementale de la protection des populations. Au niveau de l'Union européenne, la Commission européenne a mis en place un "réseau d'alerte rapide" qui permet de transmettre les informations sur les risques sanitaires à travers l'Union (*The Rapid Alert System for Food and Feed - Annual Report* 2020).

VALORISER ET PROTÉGER LES PRODUCTIONS GRÂCE À L'ATTRIBUTION DE LABELS

Pour éviter d'avoir à agir *a posteriori*, les institutions de l'Union européenne ont développé une stratégie "de la ferme à l'assiette" (*Farm to fork*, dans la version anglaise), qui promeut une réflexion sur la façon de produire (en tenant davantage compte de l'environnement), de transformer (en réfléchissant aux conséquences sur la santé), de consommer (et de ne pas gâcher) la ressource alimentaire. Il s'agit ainsi d'intégrer des éléments plus qualitatifs dans la normalisation et les standards de production.

Cette ambition de renforcer les aspects qualitatifs des produits alimentaires se retrouve dans les "Appellations d'origine protégée"

(AOP). Il s'agit d'un label européen qui a une origine française: l'"Appellation d'origine contrôlée" (AOC). Cette dernière a été créée en France par un décret-loi de 1935 relatif à la protection du marché du vin. Après avoir été étendue à d'autres produits alimentaires, elle a servi de modèle à la création de l'AOP au niveau de l'Union européenne, en 1992. Pour bénéficier de l'AOP, un aliment doit répondre à un cahier des charges précis et être produit dans une zone géographique déterminée qui lui donne l'essentiel de ses caractéristiques. Ainsi, l'appellation "champagne" est-elle limitée à l'aire géographique qui se situe dans les départements français de l'Aisne, de l'Aube, de la Marne, de la Haute-Marne et de la Seine-et-Marne. Certains États considèrent ces labels comme étant des entraves au commerce; ils aimeraient, par exemple, appeler leur vin pétillant "champagne". Le label, au-delà des questions liées à la qualité, constitue ainsi aussi pour l'Union européenne un enjeu en termes de protection des produits agricoles et alimentaires européens, notamment lors des négociations d'accords commerciaux avec des États tiers, au cours desquelles l'UE s'efforce de faire reconnaître le maximum d'AOP.

Le développement - relativement récent - d'un droit de l'alimentation montre ainsi qu'il existe de nombreuses connexions entre le commerce et la sécurité des produits.

Références bibliographiques

BUGNICOURT Jean-Philippe, BORGHETTI Jean-Sébastien, COLLART-DUTILLEUL François, *Le droit civil de la responsabilité à l'épreuve du droit spécial de l'alimentation : premières questions*, Paris, Dalloz, 2010.

DUTOURD Jean, *Au bon beurre*, Paris, Gallimard, 1952.

8.
PATRIMOINE IMMATÉRIEL ALIMENTAIRE DE L'UNESCO

En quoi la reconnaissance de l'alimentation comme patrimoine culturel constitue-t-elle un enjeu politique ?

"Nous avons la meilleure gastronomie du monde [...] C'est un élément essentiel de notre patrimoine. C'est pourquoi je souhaite que la France soit le premier pays à déposer, dès 2009, une candidature auprès de l'UNESCO pour permettre la reconnaissance de notre patrimoine gastronomique au patrimoine mondial." Le 23 février 2008, dans son discours inaugural au salon de l'agriculture, le président de la République, Nicolas Sarkozy, ouvre la voie à la première reconnaissance d'un patrimoine immatériel gastronomique à l'UNESCO. Cette annonce se concrétisera, en 2010, par l'inscription du repas gastronomique des Français sur la liste représentative du patrimoine culturel immatériel de l'humanité.

Le 16 novembre 1945, l'Organisation des Nations Unies pour l'Éducation, la Science, et la Culture (United Nations Educational Scientific and Cultural Organization - UNESCO) est créée à Londres ; elle a pour mission de "contribuer au maintien de la paix et de la sécurité en resserrant, par l'éducation, la science et la culture, la collaboration entre les nations. " Son siège est à Paris, place de Fontenoy. Parmi les textes les plus emblématiques de son activité, on peut citer la Convention universelle sur le droit d'auteur (1952), le Programme sur l'homme et la biosphère (1971), la Convention du patrimoine mondial (1972), la Convention pour la sauvegarde du patrimoine culturel immatériel (2003). C'est ce dernier texte qui définit la notion de patrimoine culturel immatériel, en le distinguant implicitement des "biens" matériels qui eux sont sauvegardés sur la liste du patrimoine mondial depuis 1978 (des lieux, des châteaux, des paysages, des villes, des parcs, des cathédrales, etc.). Sur le site de l'UNESCO, le patrimoine culturel immatériel est aujourd'hui défini de la manière suivante : "le patrimoine culturel ne s'arrête pas aux monuments et aux collections d'objets. Il comprend également les traditions ou les expressions vivantes héritées de nos ancêtres et transmises à nos descendants, comme les traditions orales, les arts du spectacle, les pratiques sociales, rituels et événements festifs, les connaissances et pratiques concernant la nature et l'univers ou les connaissances et le savoir-faire nécessaires à l'artisanat traditionnel."

Le fait que l'alimentation renvoie à des pratiques culturelles, à des traditions et des savoir-faire spécifiques qu'il faut préserver, peut se concevoir facilement en donnant quelques exemples des patrimoines alimentaires désormais inscrits officiellement sur la liste de l'UNESCO : l'art du pain d'épices en Croatie du Nord (2010), la préparation et le partage du *kimchi* (plat à base de légumes fermentés) en Corée du Sud (2013), la culture et la tradition du café turc (2013), la méthode géorgienne de vinification dans des *kvevris* (amphores dans lesquelles sont élevés des vins dits de macération ou vins orange), l'art du pizzaïolo napolitain (2017), etc. Ce dernier exemple permet d'aborder les enjeux culturels et politiques de la reconnaissance officielle d'un patrimoine. Quelle est la "vraie" pizza italienne ? napolitaine, romaine, sicilienne… ? Quel est "le" pays du couscous ? Il a fallu quatre ans de discussions diplomatiques parfois tendues pour que l'Algérie, la Mauritanie, le Maroc et la Tunisie parviennent à une candidature commune et renoncent à une inscription au nom de leur seul pays. Les savoirs, savoir-faire et pratiques liés à la production et à la consommation du couscous sont reconnus sur la liste de l'UNESCO depuis 2020 et ce patrimoine immatériel est associé aux quatre pays. Il est désormais souvent cité comme un exemple de coopération culturelle internationale.

La liste peut devenir un objet de luttes politiques à l'intérieur d'un pays quand certaines identités ou communautés instrumentalisent telle ou telle pratique culturelle pour asseoir une reconnaissance (la liste des fêtes wallonnes ou flamandes inscrites au nom de la Belgique). Elle devient également un enjeu de *soft power* entre pays en conflit. La décision récente (2022) d'inscrire le bortsch ukrainien sur la liste du patrimoine immatériel nécessitant une sauvegarde urgente (en mentionnant même un cas d'extrême urgence) est, quoi qu'en dise l'organisation onusienne, une marque de soutien de la communauté internationale à l'Ukraine et une forme de défaite de la Russie dans "la guerre du bortsch" (voir fiche 10).

Enfin, l'exemple français montre combien le choix des mots est politiquement important. Julia CSERGO, professeure de science politique à l'UQAM (Montréal), a été la directrice scientifique de la candidature du repas gastronomique des Français à l'UNESCO. Elle raconte dans un livre passionnant tous les obstacles qu'il a fallu surmonter pour que l'annonce du président Sarkozy en 2008 devienne réalité en 2010. Si l'on est attentif aux termes employés, ce n'est finalement pas "la gastronomie française" qui est inscrite à l'UNESCO, mais "le repas gastronomique" des Français, c'est-à-dire une pratique sociale qui ne distingue pas telle ou telle région, tel ou tel plat, telle ou telle identité. La formule retenue a pris en considération la crainte soulevée quelques années auparavant par les parlementaires sur le fait que la notion de patrimoine culturel immatériel ne devait pas contredire "les principes constitutionnels d'indivisibilité de la République, d'égalité devant la loi et d'unicité du peuple français" (Compte rendu de la Commission des Affaires étrangères, 19 octobre 2005, cité par CSERGO, 2016).

Références bibliographiques

CSERGO Julia, *La gastronomie est-elle une marchandise culturelle comme les autres ? La gastronomie française à l'UNESCO : histoire et enjeux*, Chartres, éditions Menu Fretin, 2016.

9.
GÉOPOLITIQUE DE L'ALIMENTATION

En quoi l'alimentation constitue-t-elle un enjeu géopolitique en temps de paix comme en temps de guerre ?

"L'invasion russe en Ukraine a détruit des vies, des habitations et des infrastructures et est à l'origine d'une grave crise humanitaire dans le pays et d'une aggravation de l'insécurité alimentaire dans le monde, provoquant une catastrophe qui va au-delà de tout ce que nous avons connu depuis la Seconde Guerre mondiale", alertait David Beasley, le directeur exécutif du programme alimentaire mondial (PAM*) des Nations Unies, dès le mois d'avril 2022. La Russie et l'Ukraine sont l'un des greniers du monde : les deux pays fournissent à eux seuls près de 25 % des céréales de la planète. Près de 50 pays (principalement au Moyen-Orient, en Afrique subsaharienne et en Asie centrale) dépendent de la Russie et de l'Ukraine pour au moins 30 % de leurs importations de blé et, pour 36 d'entre eux, cette proportion monte à plus de 50 %. L'Égypte (110 millions d'habitants), par exemple, est l'un des plus importants importateurs de céréales (60 % de sa consommation), et 60 % de ses importations de blé proviennent de Russie et 30 % d'Ukraine. En outre, à cause de la pénurie anticipée de l'offre, les cours mondiaux du blé et du maïs ont fortement crû à partir du mois de mars, ce qui s'est traduit par une inflation des prix alimentaires, en particulier dans les pays dépendant des importations de denrées, laissant craindre la perspective de "révoltes de la faim" dans plusieurs pays d'Afrique, notamment. D'un conflit localisé et européen, la guerre russo-ukrainienne est rapidement devenue la cause d'une insécurité alimentaire à l'échelle mondiale. Le blocage des ports de la mer Noire par la Russie est devenu par là même un outil de pression, pour obtenir de la part de la communauté internationale un allègement des sanctions imposées sur ce pays depuis le début du conflit. Un accord, sur l'ouverture de couloirs permettant la circulation des navires commerciaux en mer Noire, a été signé le 22 juillet 2022 par l'Ukraine et la Russie, sous l'égide de l'ONU et de la Turquie.

Nous aborderons dans cette fiche la géopolitique de l'alimentation en trois temps : les enjeux liés aux échanges de biens alimentaires dans le contexte aujourd'hui exacerbé du réchauffement climatique d'abord ; les défis posés par le phénomène d'accaparement des terres ensuite ; avant d'aborder enfin le rôle et les usages politiques de l'alimentation dans les relations internationales et les conflits.

LA CIRCULATION DE L'ALIMENTATION A ACCOMPAGNÉ TOUS LES MOUVEMENTS DE POPULATIONS À TRAVERS L'HISTOIRE

La circulation des biens alimentaires n'est pas nouvelle dans l'histoire de l'humanité. Les premiers êtres humains se sont déplacés pour suivre des terrains de chasse et/ou par la suite pour s'installer sur des terres plus fertiles, au prix parfois de guerres meurtrières. Ces mouvements de populations ont contribué, depuis longtemps, à la circulation des aliments, qu'il s'agisse de fruits, légumes, bétails ou encore d'aliments fabriqués par la main de l'homme. La "route des épices" reliait le continent asiatique à l'Europe en passant par le Moyen-Orient. La découverte de l'Amérique à la fin du xve siècle a conduit à l'importation de plantes nouvelles (tomate, maïs, haricot, tabac de l'Amérique vers l'Europe, mais aussi dans l'autre direction raisin, pêche, poire, canne à sucre, agrumes de l'Europe vers l'Amérique) ou d'animaux inconnus (dinde, canard de Barbarie vers l'est et cheval, porc, mouton, vache vers l'Amérique). Dans son livre *Sweetness and Power, The Place of Sugar in Modern History*, (1985), l'historien et anthropologue américain Sidney Mintz propose ainsi une histoire du sucre et montre comment sa consommation, son commerce et sa production ont modifié l'organisation économique, politique et sociale des sociétés européennes et caribéennes, et plus largement influencé les relations entre les puissances d'alors (voir fiche 15).

L'être humain doit boire et manger pour survivre, c'est pourquoi l'alimentation a toujours été au cœur de ses préoccupations. Assurer la nourriture pour soi-même et ses proches est un besoin fondamental. Il faudra nourrir 10 milliards d'habitants sur la planète en 2050. La demande alimentaire mondiale est aujourd'hui en forte croissance, tant en termes quantitatifs et qualitatifs, et les défis sont nombreux : garantir un accès à l'alimentation pour les plus pauvres dont la plupart sont paradoxalement des agriculteurs - on estime qu'aujourd'hui 828 millions de personnes, soit près de 10 % de la population mondiale, souffrent de la faim et aujourd'hui encore, 70 % de la population mondiale, dont une majorité de femmes, gagne sa vie en produisant des biens alimentaires. Mais le défi concerne aussi la dépendance aux importations et aux prix internationaux pour les habitants des grandes villes des pays en développement ; l'excès d'alimentation dans les pays riches ; la constitution historique de circuits très longs entre producteurs et consommateurs... Depuis la fin des années 2000, les fortes fluctuations de prix sur les marchés de céréales ont ainsi exposé aux famines les populations d'une cinquantaine de pays, alors même que de plus en plus de marchés agricoles s'ouvrent au commerce international. La mondialisation croissante des marchés alimentaires et agricoles suscite aussi des inquiétudes au sujet des effets du commerce sur l'environnement. Le développement des productions destinées à l'exportation peut créer des externalités environnementales négatives, qu'il s'agisse des prélèvements d'eau douce, de la déforestation, de la perte de biodiversité (cf. COP15 sur la biodiversité, décembre 2022). La production de bétail, de soja et d'huile de palme, produits qui bénéficient d'une demande mondiale soutenue, a ainsi été responsable de 40 % de la déforestation tropicale entre 2000 et 2010 (voir fiche 12).

LE DÉVELOPPEMENT DU *LAND* GRABBING* (ACCAPAREMENT DES TERRES)

Le *land* grabbing, c'est-à-dire des prises de contrôle de terres agricoles par des investisseurs étrangers, ne constitue pas un phénomène nouveau. Il a été largement pratiqué à l'époque coloniale. Au début du XXe siècle, la société américaine *United Fruit* Company, par exemple, possédait près du quart des terres cultivables du Honduras. Ce phénomène connaît toutefois depuis deux décennies une forte accélération. L'accaparement des terres peut être défini comme l'achat, la location ou la concession de terres à des fins commerciales, auprès de pays en développement, par des entreprises transnationales ou des organisations gouvernementales étrangères. Ce phénomène transforme les terres agricoles en ressource stratégique, au même titre que le pétrole ou certains minerais, et illustre l'importance des préoccupations de sécurité alimentaire pour les États. Aujourd'hui, la République démocratique du Congo (RDC) est le pays le plus touché par l'accaparement des terres, en matière de superficie cédée à des investisseurs étrangers. En effet, des accords portant sur l'achat ou l'utilisation de plus de 9 millions d'hectares de terres ont été conclus depuis l'an 2000, ce qui représente environ 4 % de la superficie totale du pays. Les terres acquises par les investisseurs étrangers sont principalement dédiées à l'exploitation forestière, l'extraction minière (cuivre, cobalt, etc.) et à l'agriculture industrielle, comme l'huile de palme. De manière générale, ce sont les pays d'Afrique subsaharienne et d'Asie du Sud-Est qui sont les plus vulnérables à ce type de prédation foncière, et plusieurs d'entre eux ont déjà cédé une grande partie de leur territoire. Environ 8 % de la superficie du Cameroun, 15 % de celle du Libéria, 7,5 % de celle du Laos ou encore 5 % de celle du Cambodge sont ainsi sous contrôle d'intérêts étrangers, en particulier de groupes agro-industriels produisant des denrées et matières destinées à l'exportation. Les pays d'origine des opérateurs, qu'il s'agisse d'États ou d'acteurs privés, sont ceux qui disposent de ressources agricoles insuffisantes, mais aussi de capitaux disponibles (Japon, Corée du Sud, Arabie saoudite, Qatar, Koweït, Émirats arabes unis, Chine, etc.). Ces transactions foncières à grande échelle sont par ailleurs une menace pour l'environnement, dans la mesure où elles contribuent de manière importante à la déforestation, à la destruction des habitats et à la dégradation des sols, car nombre de ces investissements fonciers destinés à l'agriculture commerciale se traduisent par la conversion de terres cultivées, de pâturages et de forêts en immenses monocultures, soutenue par la construction de barrages, de serres et de systèmes d'irrigation. Le *land* grabbing, dont la régulation à l'échelle internationale est encore insuffisante, illustre la dimension stratégique de la production de biens alimentaires.

L'ALIMENTATION, UN INSTRUMENT AU CŒUR DES CONFLITS

L'alimentation a de tout temps été un instrument au cœur des conflits. Les sièges en sont un exemple intemporel : le siège de Constantinople, la capitale de l'Empire byzantin assiégé par les troupes arabes du Califat omeyyade (717-718), le siège de Paris par l'armée prussienne en 1870, au cours duquel la ville connaît une terrible famine*, ou encore le siège de la ville de Leningrad (actuelle Saint-Pétersbourg) par la Wehrmacht pendant 900 jours, durant la Seconde Guerre mondiale, au cours duquel près de 1,8 million de Soviétiques sont morts de faim. Plus récemment, l'ONU a dénoncé le recours aux sièges des villes et à la famine comme méthode de guerre par le gouvernement syrien de Bashar el-Assad. Le siège est, depuis l'Antiquité, un outil de guerre et de pression souvent efficace, notamment lorsqu'il s'accompagne de famine, aujourd'hui dénoncé par le droit international humanitaire.

L'alimentation et son corollaire, la famine, sont au cœur des conflits, lorsque les terres agricoles deviennent des champs de bataille ou sont minées, et sont impossibles à cultiver pendant des années, lorsque les paysans sont mobilisés et que la main-d'œuvre manque pour cultiver les terres, lorsque les moyens d'irrigation sont ravagés, que les systèmes de transport et de distribution sont paralysés ou les réserves pillées ou détruites. Mais l'alimentation est aussi un moteur des conflits. En effet, bien plus que des conditions climatiques ou économiques, la famine résulte d'actes intentionnels, qui sont souvent la conséquence de déplacements de population, d'entraves mises à la production de terres et de destructions intentionnelles, conjugués à des obstacles à l'intervention d'une aide humanitaire. Dans les contextes de guerre civile ou interétatique, le contrôle sur les biens et l'approvisionnement alimentaires - notamment des céréales - est un enjeu essentiel, *a fortiori* si le conflit est amené à durer. En 1932-1933, le régime soviétique dirigé par Staline engage une campagne de collectivisation forcée au cours de laquelle les autorités soviétiques réquisitionnent blé, légumes et bétail, acculant les paysans à la famine, notamment en Ukraine. Selon des historiens occidentaux, cette famine (*Holodomor*), intentionnellement provoquée par le pouvoir soviétique, vise aussi à réprimer toute volonté nationaliste et indépendantiste de cette république soviétique. Elle fera plus de quatre millions de morts. L'événement est loin d'être unique. Les famines et disettes "politiques" sont nombreuses aux XIXe et XXe siècles, que ce soit en Inde britannique, dans la Chine de Mao ou sous les Khmers rouges, au Cambodge. En 2018, le Conseil de sécurité des Nations Unies a adopté, pour la première fois de son histoire, une résolution (2417) par laquelle il condamne fermement l'utilisation de la famine comme méthode de guerre.

Enfin, le boycott ou la surtaxation de produits alimentaires est aujourd'hui un outil de sanction fréquemment utilisé, efficace dans un contexte de mondialisation des échanges. En 2003, en réponse au refus de la France de s'engager avec la coalition en Irak, les États-Unis imposent de nouvelles taxes douanières sur les produits alimentaires français. Depuis 2012, l'UE impose un droit de douane sur les produits agricoles (et industriels) importés des territoires dits "occupés", par Israël depuis 1967, au motif qu'ils n'entrent pas dans le cadre de l'accord de libre-échange entre Israël et l'UE. Après les déclarations du président français en novembre 2020 sur le droit à la caricature (en réaction à l'assassinat de Samuel Paty), des appels au boycott de produits alimentaires français se sont multipliés dans plusieurs pays du Moyen-Orient (notamment Qatar, Koweït, Turquie, Iran, Jordanie et Pakistan). Enfin, la réponse de la Russie aux sanctions économiques de l'UE et de plusieurs pays occidentaux, après l'invasion de la Crimée en 2014, a pris la forme d'un embargo sur les matières premières agricoles et les produits alimentaires en provenance des États opposés à l'annexion. L'éventail coercitif est large et va de l'établissement de taxes sur les produits importés à des tentatives de blocage partiel ou total de l'approvisionnement d'un pays ou d'une région ou encore à la destruction des terres agricoles. Il entraîne toujours des conséquences directes ou indirectes sur les populations comme sur les producteurs.

Références bibliographiques

ABIS Sébastien, BRUN Matthieu, *Le Déméter 2022. Alimentation: les nouvelles frontières*, Paris, IRIS éditions, 2022.

CIRAD - Centre de coopération internationale en recherche agronomique pour le développement: https://www.cirad.fr/les-actualites-du-cirad/actualites/2022/l-accaparement-des-terres-nuit-a-l-environnement

CROSBY Alfred, The Columbian exchange: biological and cultural consequences of 1492, Westport, Praeger, 1973.

FUMEY Gilles, *Géopolitique de l'alimentation*, Auxerre, éditions Sciences Humaines, 2018.RAFFARD Pierre, *Géopolitique de l'alimentation et de la gastronomie. De la fourche à la FoodTech*, Le Cavalier Bleu, 2021.

10.
LA GASTRO-DIPLOMATIE

La gastronomie est-elle un outil diplomatique comme les autres ?

Choux, tomates, oignons, carottes, betteraves, aneth et viandes de bœuf et de porc. Cette soupe à la viande et aux légumes, plat traditionnel des pays de l'Europe de l'Est, est devenue la recette de cuisine la plus politique de l'année. Le bortsch est, depuis le 1er juillet 2022, inscrit au patrimoine mondial de l'UNESCO. Plus précisément, la culture de la préparation du bortsch ukrainien figure désormais sur la liste du patrimoine immatériel nécessitant une sauvegarde urgente (voir fiche 8). L'institution onusienne signale même un cas d'extrême urgence et justifie cette inscription de la manière suivante: "[en Ukraine] les contes, les chansons folkloriques et les proverbes font l'éloge du bortsch. Il est vu comme un style de vie et un marqueur d'identité. La viabilité de l'élément est cependant menacée par divers facteurs depuis le début du conflit armé en février 2022, notamment le déplacement des détenteurs de leur communauté d'origine et des contextes culturels nécessaires à la préparation et à la consommation du bortsch en Ukraine. En outre, la destruction du milieu environnant et de l'agriculture traditionnelle a empêché les communautés d'accéder aux produits locaux, tels que les légumes, nécessaires à la préparation du plat. Malgré ces difficultés, les communautés de toute l'Ukraine se sont unies autour de cet élément." (site de l'UNESCO, https://ich.unesco.org/fr/USL/la-culture-de-la-prparation-du-bortsch-ukrainien-01852)

Depuis au moins une dizaine d'années, en particulier depuis l'annexion de la Crimée par la Russie en février 2014, la "guerre du bortsch" oppose la Russie et l'Ukraine, les deux pays revendiquant une association officielle entre leur pays et la recette. Même si Tim Curtis, le secrétaire général de la Convention pour la sauvegarde du patrimoine culturel immatériel, a précisé que cette spécialité culinaire était aussi pratiquée dans d'autres pays et que l'objectif de l'organisation n'était pas d'attribuer la culture du bortsch à la seule Ukraine, le soutien et le signal envoyés sont clairs. Les diplomates ukrainiens ont acté qu'il serait désormais impossible d'inscrire sur une carte de restaurant que le bortsch est une spécialité russe. "À nous la victoire dans la guerre du bortsch", a réagi le ministre ukrainien de la Culture, quand le porte-parole du ministère des Affaires étrangères russe dénonçait le "nationalisme" de l'Ukraine.

L'ALIMENTATION AU SERVICE DE LA DIPLOMATIE ÉTATIQUE

Cacahuètes grillées, sauce poisson (*nuoc nam*), œufs, pousses de soja, tofu, nouilles de riz, pâte de tamarin et crevettes ou poulet. Dans la plupart des pays occidentaux, l'énoncé de cette recette conduit au constat suivant : une majorité de la population 1. reconnaît le Pad Thaï, 2. attribue ce plat à la Thaïlande et 3. est susceptible de commander cette spécialité de nouilles de riz sautées dans un restaurant aux alentours (si la personne réside dans un environnement urbain). Il faut mesurer le tour de force associé à ce constat, qui renvoie aux associations les plus classiques entre un pays et un plat ou une région du monde comme le hamburger et les États-Unis, la pizza et l'Italie, le couscous et le Maghreb ou les sushis et le Japon. Le restaurant qui propose aujourd'hui le Pad Thaï à la carte (sur place ou à emporter) apparaît comme un relais de la culture culinaire thaïlandaise. Cette association plat/région ou pays repose sur la reconnaissance, l'association, mais aussi la disponibilité. On peut ainsi dessiner un cercle vertueux qui renforce l'interaction entre les trois dimensions : plus les restaurants thaïlandais sont nombreux, plus le Pad Thaï a des chances d'être présent sur les tables, et plus le lien entre le plat et le pays s'installe pour la population.

Cette reconnaissance et présence de la cuisine thaïlandaise dans le monde n'est pas le résultat d'une main invisible de la culture culinaire ou d'une mode mimétique issue de la mondialisation de la cuisine. Elle a été décidée par le gouvernement thaïlandais en 2002 dans le *Global Thaï Program*, elle est donc issue d'une politique publique officielle et assumée. L'objectif était d'accroître de manière exponentielle le nombre de restaurants thaïlandais dans le monde, de mieux faire connaître le pays par ces intermédiaires que sont les restaurants, de convaincre les touristes étrangers de venir en Thaïlande afin de découvrir *in situ* la cuisine thaïlandaise. Avant la pandémie de Covid-19, le secteur du tourisme représentait 12 % du PIB de la Thaïlande (à titre de comparaison, le tourisme représentait 7,5 % du PIB de la France en 2019). On peut faire l'hypothèse que l'intérêt pour la culture culinaire du pays pèse d'un poids non négligeable dans les motivations des touristes étrangers qui viennent en Thaïlande.

On peut considérer que le bortsch et le Pad Thaï ne sont que de simples recettes de cuisine. On peut aussi en faire deux exemples significatifs d'une (récente) sous-discipline des relations internationales, la gastro-diplomatie, qui fait l'objet de travaux scientifiques, en particulier dans le monde anglo-saxon. Le terme "gastro-diplomatie" apparaît dans un article de *The Economist*, "Thailand's gastro-diplomacy", le 21 février 2002, qui présente le *Global Thai Program*. Le titre de la rubrique "Food as ambassador" et le sous-titre de l'article, "Like the cuisine, like the country", sont explicites sur les enjeux associés à cette forme de diplomatie. Deux chercheurs américains, Paul ROCKOWER [2012] et Sam CHAPPLE-SOKOL [2013] ont été les premiers à théoriser cette notion. L'article de Raúl MATTA [2019] aide à bien comprendre de quelle manière la gastro-diplomatie apparaît aujourd'hui comme un exemple de "*soft power*" au sens classique de Joseph Nye (2004).

Boire et manger sont des actes privés, individuels, intimes, parce qu'ils consistent à ingérer dans son corps des aliments liquides ou solides qui pèsent sur la santé et donc sur la vie. L'alimentation est aussi publique, parce qu'elle se fait souvent en public et qu'elle peut être le support d'une identité culturelle et d'une affirmation politique. Le *soft power* est l'une des trois possibilités de relation politique pour installer un pouvoir en utilisant un contrôle psychologique entre la puissance émettrice et l'entité réceptrice. Si le *hard power* utilise la "carotte" et l'incitation ou le "bâton" en jouant sur les menaces, le *soft power* vise à convaincre par une forme de charisme qui attire et force le respect. Raúl MATTA isole deux outils de ce *soft power*: le marketing culturel et la diplomatie publique. La "guerre du bortsch" est loin de la ligne de front armée entre la Russie et l'Ukraine. Elle participe pourtant de la reconnaissance de la souveraineté, de l'identité, de l'intégrité et de la culture d'un pays par une grande organisation internationale, l'UNESCO, qui dépend de l'ONU. Elle est réglée par une forme de diplomatie qui ne négocie pas, qui ne menace pas, mais qui influence l'opinion publique internationale. Avec le Pad Thaï, la Thaïlande promeut sa signature culinaire et en définitive sa "marque" sur la scène (ou cène) internationale.

GASTRO-DIPLOMATIE OU DIPLOMATIE CULINAIRE ?

Raúl MATTA [2019] propose de distinguer les deux. L'ouvrage dirigé par Laurent STÉFANINI [2016], *À la table des diplomates : L'histoire de France racontée à travers ses grands repas (1520-2015)* analyse les menus des repas diplomatiques servis par la France. On commence par les festins du Camp du drap d'Or en juin 1520 (entrevue entre François 1er et le roi anglais Henri VIII), on termine par le dîner des chefs d'État de la COP 21 à Paris, en 2015, sous la présidence de François Hollande. Ce qui n'est pas servi est parfois aussi important que ce qui est servi (et vice-versa). Il faut savoir lire entre les lignes du menu, ne pas commettre d'impairs, se renseigner sur les habitudes alimentaires et les goûts gastronomiques des invités. La nourriture est associée à une multitude de symboles culturels et religieux, de clichés plus ou moins légitimes sur les habitudes alimentaires de telle ou telle nation. Un incident diplomatique pourrait survenir simplement à la lecture d'un menu mal préparé par un hôte pour ses invités. Guillaume GOMEZ, longtemps chef des cuisines de l'Élysée (de 2013 à 2021) et actuellement Représentant Personnel du président de la République auprès des Acteurs et Réseaux de la Gastronomie et de l'Alimentation, raconte, lui aussi, cette diplomatie des cuisines dans son livre, *À la table des Présidents* [2020]. Ces repas sont réservés à un nombre restreint de convives. L'accès à ces tables suppose l'exercice d'un pouvoir politique associé à une fonction (roi, reine, ministre, etc.) et les mets sont des plats de haute gastronomie préparés par des chefs qui incarnent l'excellence de la cuisine nationale. Nous sommes un peu loin du bortsch ou du Pad Thaï, potentiellement préparés par tout le monde et accessibles à tout le monde, notamment parce que leur recette et leurs ingrédients sont relativement simples. On peut ainsi établir une distinction entre la diplomatie culinaire et la gastro-diplomatie. La diplomatie culinaire est réservée aux hautes sphères publiques, se concentre autour d'un événement précis dans les lieux choisis et adaptés à la situation (salons, palais, hôtels et grands restaurants, ambassades, etc.). Les dîners d'État sont les exemples de cette diplomatie culinaire. La gastro-diplomatie, quant à elle, “implique une relation de l'État à la sphère publique [...]. On peut considérer qu'elle a deux dimensions : la diplomatie publique et le nation branding.” [MATTA, 2019] La diplomatie publique vise à influencer d'autres gouvernements et les populations de ces autres pays. Il faut toucher “leur cœur et leur esprit”

(*Ibid.*). Le *Global Thai Program* de 2002 est bien à l'origine une politique publique du gouvernement thaïlandais. Quant à la logique de marque, elle est déterminante pour associer, par exemple, le bortsch à l'Ukraine et introduire l'idée que parler du bortsch, le préparer, le préserver c'est en quelque sorte défendre et représenter l'Ukraine, partout dans le monde.

Références bibliographiques

CHAPPLE-SOKOL Sam, "Culinary Diplomacy: Breaking Bread to Win Hearts and Minds", *The Hague Journal of Diplomacy,* 8, 2013, p 161-183.

GOMEZ Guillaume, *À la table des Présidents*, Paris, éditions du Cherche Midi, 2020.

MATTA Raul, "Gastro-diplomatie: un soft power pas si soft", *Journal for Communication Studies*, vol. 12, 1(23), 2019, p. 99-120

ROCKOWER Paul, "Recipes for gastrodiplomacy", *Place Branding and Public Diplomacy,* 8(3), 2012, p. 235-246.

STÉFANINI Laurent (dir.), 2016, *À la table des diplomates, l'histoire de France racontée à travers ses grands repas (1520-2015)*, Paris, éditions de l'Iconoclaste, Folio, 2019.

11. ALIMENTATION ET SANTÉ

Comment l'alimentation est-elle devenue un enjeu sanitaire ?

S'alimenter est nécessaire au bon fonctionnement du corps humain. Cette pratique correspond à un besoin physiologique primaire, mais constitue aussi un phénomène social et culturel. Si les individus semblent répondre à ce besoin de manière relativement uniforme (en France, la norme des trois repas continue de se vérifier), les pratiques alimentaires sont en réalité socialement différenciées et corrélées à des inégalités en matière de santé.

PRÉSERVER SA SANTÉ PAR DES CHOIX ALIMENTAIRES : LE CAS DES NORMES NUTRITIONNELLES

L'alimentation ne saurait se substituer à un médicament. Pour autant, les choix alimentaires sont inséparables de la santé et du bien-être des individus. De ce point de vue, deux rapports à l'alimentation se distinguent tout particulièrement : l'exclusion d'aliment(s) pour une raison médicale (alimentation curative), d'une part, l'adoption volontaire d'un régime alimentaire normé (alimentation préventive), d'autre part.

L'exclusion ou la limitation d'un aliment peut s'inscrire dans une logique curative (par exemple, contrôler la consommation de sucre pour les personnes diabétiques). Le choix des aliments s'apparente alors à une prescription médicale : puisque l'ingestion d'un aliment spécifique rend malade, en limiter la consommation diminue les symptômes, voire permet la guérison. De telles contraintes sont médicalement imposées aux personnes atteintes de maladies alimentaires (en premier lieu les allergies ou intolérances), mais également à celles souffrant d'autres types de maladies chroniques (ou en rémission), qui tentent de freiner la progression de leurs pathologies par les restrictions alimentaires. Mais une alimentation volontairement régulée peut également relever d'une logique curative, destinée à affaiblir le risque de maladie et allonger l'espérance de vie. Les recherches médicales montrent, par exemple, l'existence d'une corrélation positive entre des habitudes alimentaires saines et la diminution du risque de cancer (du sein, de la prostate, de l'intestin).

Pour cette raison, la promotion de normes alimentaires à visée sanitaire est au cœur de l'action des pouvoirs publics. Un régime alimentaire diversifié et équilibré, excluant des produits considérés comme néfastes ("manger trop gras, trop sucré, trop salé"), constitue un enjeu de santé publique. Ces préoccupations sont le résultat de la construction scientifique et politique des enjeux sanitaires de l'alimentation. En s'intéressant à la genèse sociohistorique de ces normes, F. Régnier [2017] montre qu'elles sont apparues au début du XXe siècle en France avec la Société Scientifique d'Hygiène Alimentaire et d'Alimentation rationnelle de l'homme, qui a contribué à diffuser des discours de rationalisation de l'alimentation. À partir des années 2000, cette approche devient "nutritionnelle" : l'enjeu n'est plus uniquement de *nourrir* mais d'*aider à mincir*. Les discours à prétention scientifique construisent simultanément une norme corporelle et une surveillance des apports nutritionnels (protides, lipides, antioxydants...). Cela se rapproche de la phase de "nutritionnalisation de la société" [J.-P. Poulain, 2009] : une diffusion massive des connaissances qui réduit l'alimentation à sa fonction biologique. Dans sa forme la plus aboutie, cela peut conduire à la prise volontaire d'"alicament" (aliment-médicament) d'origine naturelle (l'ail qui améliore la circulation sanguine) ou industrielle (les yaourts au bifidus actif ou les huiles enrichies en oméga 3).

Les pouvoirs publics se font ainsi "entrepreneurs de morale" [Becker, 1963] et s'emploient à diffuser leurs préconisations alimentaires par différents biais, telles des mesures d'éducation alimentaire (le verre de lait quotidien dans le cadre scolaire instauré en 1954 pour lutter contre la dénutrition, poursuivi pour ancrer sa consommation dans les habitudes) ou des campagnes médiatiques de prévention et de démocratisation de pratiques nutritionnelles ("manger cinq fruits et légumes par jour"). Ces préconisations sont formalisées depuis 2001 dans le Programme national nutrition santé (PNNS*).

L'adhésion à ces normes est socialement située. En effet, les pratiques alimentaires dites saines sont principalement le fait des populations issues des catégories favorisées, pour qui normes nutritionnelles et préférences viennent souvent se confondre. F. Régnier et A. Masullo [2009] montrent que l'alimentation permet ainsi à la fois une distinction par le goût de classe et une démarche de santé préventive. À l'inverse, les membres des catégories populaires seraient davantage dans une posture de résistance face à ces normes, qui ne correspondent pas à leur représentation de l'alimentation (entretien du corps comme instrument de travail, insertion dans la consommation de masse...) et qu'ils considèrent être des formes d'ingérence morale de leur vie privée. F. Régnier et A. Masullo montrent que véhiculer ces normes nutritionnelles conduit *de facto* à (sur)valoriser des pratiques alimentaires et les corps sveltes qui y sont associés, et à stigmatiser ceux qui ne s'y conformeraient pas.

DES PRATIQUES ALIMENTAIRES DÉVIANTES : ENJEUX SANITAIRES, ÉCONOMIQUES ET SOCIAUX

Si une alimentation équilibrée et diversifiée est une forme de prévention, la malnutrition* est quant à elle à l'origine de pathologies. Elle est définie par l'OMS (Organisation mondiale de la santé) comme une alimentation carencée, excessive ou déséquilibrée dans l'apport énergétique et/ou nutritionnel. La malnutrition est dangereuse pour la santé: la dénutrition affaiblit le corps et empêche le fonctionnement normal des organes; les carences en vitamines ou minéraux peuvent dégrader des fonctions physiologiques (vue ou immunité) ; une suralimentation favorise le surpoids (IMC > 25), voire l'obésité (IMC > 30) et certaines maladies non transmissibles (maladies cardiovasculaires, diabète de type 2, cancers). L'analyse des troubles du comportement alimentaire (TCA), ainsi que du surpoids et de l'obésité permet de montrer combien les "maladies" liées à l'alimentation relèvent de déterminants économiques et sociaux.

Les TCA sont définis comme un rapport problématique à la nourriture et à son image corporelle. Les principales maladies rattachées sont l'anorexie (se sous-alimenter), la boulimie (se suralimenter et compenser par des comportements tels que vomissements ou jeûne) et l'hyperphagie (se suralimenter sans compensation). Ces pratiques se comprennent au regard des normes sociales de minceur qui visent prioritairement les corps féminins. En effet, en dehors des pathologies sexuées (cancer du sein ou de la prostate), les TCA sont les maladies pour lesquelles la distinction sociale des sexes est la plus forte. Néanmoins, l'origine de ces troubles ne peut être réduite à l'existence de normes sexuées : la classe sociale entre aussi fortement en compte. Muriel DARMON [2003] montre ainsi que les filles issues des classes supérieures sont les plus exposées à l'anorexie mentale. Davantage socialisées au contrôle de soi et à la poursuite de "l'exceptionnalité sociale", elles se conforment à l'extrême aux normes de minceur en entamant une "carrière" d'anorexique. L'anorexie et la boulimie s'opposent ainsi au stigmate du "relâchement alimentaire", contrairement aux jugements discriminants qu'on retrouve à la fois chez les personnes qui souffrent d'hyperphagie (dont la pathologie est associée à un manque d'autocontrôle) et chez les personnes en surpoids ou atteintes d'obésité.

L'alimentation excessive ou insuffisamment diversifiée est une cause majeure d'inégalités de santé entre les populations. Les personnes les plus défavorisées économiquement ont beaucoup plus difficilement accès à une alimentation répondant aux normes nutritionnelles promues par les autorités sanitaires. Les denrées les plus adaptées à ces normes sont aussi les plus onéreuses. L'obésité est de ce fait une pathologie socialement discriminante. Selon l'enquête épidémiologique nationale sur le surpoids et l'obésité pour la Ligue contre l'Obésité, en 2020, 17 % de la population française était concernée, en premier lieu les ouvriers (18 %) et employés (17 %), alors que les cadres supérieurs (9,9 %) sont sous-représentés. Les corps s'amincissent à mesure que l'on progresse dans la hiérarchie sociale (cela est surtout vrai pour les femmes). La corpulence constitue ainsi un signe qui sert à classer, distinguer (les membres des classes supérieures) et déclasser (les membres des classes populaires) au cours des interactions quotidiennes qui s'opèrent entre les individus.

TRANSFORMATIONS DE LA PRODUCTION ET DE LA CONSOMMATION ALIMENTAIRES : QUELS RISQUES POUR LA SANTÉ ?

En 1997, l'OMS définissait l'obésité comme la "première épidémie non infectieuse de l'histoire de l'humanité". L'inquiétude porte sur sa progression (le nombre de cas a été multiplié par 3 depuis 1975) liée à la transformation des habitudes alimentaires (augmentation de la consommation des aliments très riches en lipides) et des habitudes de vie (diminution de l'activité physique, du fait de l'urbanisation et de la sédentarisation des modes de vie). Notre dépense d'énergie a diminué tout au long du XXe siècle sans que l'on adapte à la baisse nos apports caloriques. La modification des pratiques alimentaires a également entraîné la forte croissance du diabète de type 2.

Mais la progression de ces pathologies doit aussi au développement de l'industrie agroalimentaire. D'un côté, les matières premières se sont standardisées ; de l'autre, les produits commercialisés procèdent de plus en plus à des (re-)compositions d'aliments dont on a transformé la durée de conservation, le goût et l'apparence - grâce aux additifs naturels (lécithine de soja, amidon...) ou chimiques (aspartame...). De plus, ces techniques de production introduisent de nouveaux risques sanitaires. D'abord, les méthodes de production multiplient les composés chimiques présents dans les aliments (microplastiques, pesticides ou additifs), ainsi que les risques de contamination alimentaire, notamment aux métaux lourds (le saturnisme chez les enfants surexposés au plomb) ; vient ensuite la croissance de pathologies alimentaires (allergies et intolérances) ; on peut également avancer la "baisse de la digestibilité des variétés de céréales" (mise en évidence par le Centre d'études et de prospective, en 2018), ou encore, la résistance aux antibiotiques, qui représente à terme un danger pour la capacité de l'espèce humaine à se protéger. Celle-ci est principalement due à l'utilisation massive d'antibiotiques par des éleveurs soucieux de protéger le bétail de bactéries prolifères dans les élevages intensifs.

Enfin, malgré les normes imposées au processus de production, le risque de crises sanitaires demeure. Un exemple tristement célèbre en est l'encéphalopathie spongiforme bovine (ESB, dite "maladie de la vache folle") qui a touché le Royaume-Uni dans les années 1980. En cause, une protéine infectieuse transmise aux bovins par leur alimentation : des carcasses et abats d'animaux réduits en farine (non correctement décontaminée). L'alimentation carnée rendant possible la transmission interespèces, l'ESB évolue et, en 1996, environ 230 personnes sont atteintes d'une variante de la maladie de Creutzfeldt-Jakob.

BECKER Howard, *Outsiders*, (1963), Paris, éd. Métailié, 2012.

BRICAS Nicolas, CONARÉ Damien, WALSER Marie (dir), *Une écologie de l'alimentation*, Versailles, éd. Quæ, 2021.

DARMON Muriel, *Devenir anorexique. Une approche sociologique*, Paris, La Découverte, 2003.

Ministère de l'agriculture et de l'alimentation - Centre d'analyse prospective, "Allergies et intolérances alimentaires : tendances et enjeux pour l'action publique", *Analyse* n° 130, novembre 2018.

POULAIN Jean-Pierre, *Sociologie de l'obésité*, Paris, PUF, 2009.

RÉGNIER Faustine, "Vers un corps féminin sur mesure : l'alimentation et les techniques de la corpulence en France et aux États-Unis (1934-2010)", *L'Année sociologique*, Paris, PUF, 2017.

RÉGNIER Faustine et MASULLO Ana, "Obésité, goûts et consommation. Intégration des normes d'alimentation et appartenance sociale", *Revue française de sociologie*, vol. 50, 4/2009.

12.
ALIMENTATION ET CHANGEMENT CLIMATIQUE

Comment réformer nos modes d'alimentation pour atténuer leur impact sur le climat?

Le mois de juillet 2022 s'est révélé être le mois de juillet le plus chaud depuis l'enregistrement des températures. Le plus chaud, mais également le plus sec. On s'attend dès lors à une baisse des rendements, par exemple pour les récoltes de blé. Selon l'agroclimatologue Serge Zaka, la France connaît déjà une baisse générale de sa production agricole, et des risques de pénurie de lait sont à craindre pour l'hiver prochain, par exemple. Les effets du réchauffement climatique se font déjà largement ressentir. Selon le dernier rapport du GIEC (2022), environ la moitié de la population mondiale souffre du changement climatique.

L'alimentation est directement et doublement associée à ce processus : d'une part, elle participe fortement aux émissions de CO2 (émissions notées plus exactement éqCO2, pour intégrer les autres gaz que le CO2 réchauffant également l'atmosphère, comme le méthane) responsables du phénomène du réchauffement climatique ; d'autre part, le changement climatique (qui prend principalement la forme d'un réchauffement, malgré certaines variantes géographiques) a déjà et aura des conséquences très importantes sur la capacité de l'humanité à se nourrir. Dès lors, il convient de réfléchir à la manière d'adapter les habitudes alimentaires, la modification de ces habitudes risquant d'être rapidement non plus un choix, mais une nécessité vitale.

LE RÔLE DE L'ALIMENTATION DANS LE CHANGEMENT CLIMATIQUE

L'alimentation constitue une source importante d'émission de CO2, notamment dans les pays développés. Selon une étude récente [BAUDE, 2022], l'alimentation représente 22 % de l'empreinte carbone moyenne d'un Français (soit environ 2,1 t éqCO2 par personne et par an). Cela fait de l'alimentation le troisième contributeur des émissions des ménages, derrière le transport et l'habitat. Plus de la moitié des émissions liées à l'alimentation provient de la consommation de denrées transformées par l'industrie agroalimentaire. Cette dernière a donc une responsabilité importante dans le réchauffement climatique. Au niveau mondial, l'alimentation est responsable d'environ un tiers (27 % à 39 % selon les estimations) des émissions de gaz à effet de serre ("Estimer les émissions de gaz à effet de serre de la consommation alimentaire: méthodes et résultats", I4CE, février 2019). Selon cette même étude, 75 % environ des gaz à effet de serre sont émis durant la phase de production, 15 % entre la sortie du lieu de production et la vente, et 10 % après la vente.

On sait aujourd'hui que la production de viande et de produits laitiers entraîne de très importantes émissions de gaz à effet de serre : l'élevage bovin produit ainsi énormément de méthane. Une protéine de bœuf émet pour sa production jusqu'à 36 fois plus de CO2 qu'une protéine de blé ! L'agneau et le bœuf sont les viandes les plus émettrices de CO2. Selon les chiffres cités par Bourban et Broussois, "les cinq plus grandes entreprises de production de viande et de produits laitiers (JBS, Tyson Foods, Cargill, Dairy Farmers of America et Fonterra) produisent au total plus d'émissions de gaz à effet de serre que les géants de l'industrie des combustibles fossiles comme ExxonMobil, Shell ou BP. Si l'on combine les émissions produites par les 20 plus grandes entreprises de production de viande et de produits laitiers, leurs émissions dépassent celles de nombreux pays développés comme l'Allemagne, le Canada, l'Australie, le Royaume-Uni ou la France" [BOURBAN, BROUSSOIS, 2020]. Selon ces mêmes auteurs, si l'élevage d'animaux pour l'alimentation est l'une des principales origines du réchauffement climatique, cela est "dû à la déforestation qui sert à placer et à nourrir le bétail, à l'énergie utilisée pour l'exploitation des animaux, à l'utilisation d'engrais et au méthane émis dans l'atmosphère par les ruminants. Ce dernier, produit massivement par l'élevage, a un pouvoir de réchauffement 23 fois supérieur à celui du dioxyde de carbone sur une période de 100 ans."

Si l'alimentation participe donc largement au réchauffement climatique, ce dernier a en retour de puissants effets sur les cultures et les récoltes, et donc sur la capacité des êtres humains à s'alimenter dans de bonnes conditions.

LES CONSÉQUENCES DU RÉCHAUFFEMENT CLIMATIQUE SUR L'ALIMENTATION

Selon le dernier rapport du GIEC ("Changement climatique 2022 : impacts, adaptation et vulnérabilité"), le réchauffement climatique menace la sécurité alimentaire des êtres humains. Si la productivité agricole globale augmente, le changement climatique provoque un ralentissement de cette tendance au niveau mondial. On sait également que l'augmentation des événements météorologiques et climatiques extrêmes expose toujours plus de personnes à une insécurité alimentaire aiguë (principalement en Afrique, Asie, Amérique centrale et du Sud). Le rapport du GIEC montre également que la malnutrition progresse. Actuellement, on estime que la moitié de la population mondiale subit de graves pénuries d'eau pendant au moins une partie de l'année. Les auteurs du rapport notent que, du fait du réchauffement climatique, un tiers des zones actuellement exploitées pourraient ne plus être cultivables d'ici 2100. Les cultures risquent d'être moins riches en nutriments, avec comme conséquences un accroissement de la malnutrition et des carences alimentaires, et une probable diminution du nombre d'années de vie en pleine santé (perte allant jusqu'à 10 % en 2050).

Les conséquences du réchauffement climatique sur l'alimentation dépassent ainsi largement le cadre de la nourriture quotidienne puisqu'elles concernent aussi la santé humaine et l'espérance de vie des populations. Ainsi, "si le réchauffement atteint 2 °C, il ne sera plus possible de produire les cultures de base dans de nombreuses régions, notamment sous les tropiques, sans des mesures d'adaptation qui ne sont pas disponibles actuellement." (https://www.novethic.fr/actualite/infographies/isr-rse/les-dix-chiffres-cles-du-dernier-rapport-du-giec-sur-le-changement-climatique-150640.html) C'est pourquoi il apparaît urgent de repenser en profondeur les habitudes alimentaires.

QUELLES ADAPTATIONS DANS LES ASSIETTES ?

De manière générale, la prise en compte du réchauffement climatique passe par une transition vers des systèmes agricoles plus résilients au changement climatique. Il est nécessaire également d'accepter de respecter le rythme des saisons. On sait qu'une tomate cultivée hors saison (dans des serres chauffées) consomme dix fois plus d'énergie qu'une tomate de saison (https://reporterre.net/Sans-transition-alimentaire-pas-de-transition-ecologique). L'adaptation est déjà à l'œuvre aujourd'hui. Elle passe, par exemple, par la culture de plantes moins gourmandes en eau afin de mieux gérer des épisodes de sécheresse de plus en plus nombreux. On observe, par exemple, que la culture du sorgho (céréale d'origine africaine) se développe en France, notamment parce qu'elle nécessite beaucoup moins d'irrigation que la culture du maïs ; avec le réchauffement des températures, sa culture se déplace vers le nord et en 2020, les surfaces dédiées au sorgho ont progressé de 18 % au sein de l'Union européenne.

Une solution simple, rapide et efficace passe par la végétalisation de l'alimentation. Le bénéfice est double, c'est pourquoi on parle de "double dividende". D'un côté, consommer davantage d'aliments d'origine végétale réduit les émissions de gaz à effet de serre provenant de la production agricole directe (voir première partie). D'un autre côté, si les terres sont rendues à leur végétation naturelle antérieure, cela augmente la séquestration du carbone. En effet, pour produire l'alimentation destinée au bétail, forêts et prairies ont été transformées en terres agricoles beaucoup moins efficaces pour "piéger" le CO2. On a ainsi calculé que passer à une alimentation plus végétale pourrait permettre de stocker pas loin de 100 milliards de tonnes de CO2, en restaurant les puits de carbone naturels (https://www.nature.com/articles/s43016-021-00431-5). Aussi, pour ce qui est de l'alimentation, les éthiques environnementales, animales et climatiques convergent vers une même solution : "nous devons cesser de consommer des produits d'origine animale." [BOURBAN, BROUSSOIS, 2020]

Dans tous les cas, la transition écologique s'accompagne d'une transition alimentaire, qui ne relève pas d'un seul changement technique. Ce sont les habitudes alimentaires qui doivent être modifiées pour arriver à une alimentation *durable*, conciliant des critères socio-économiques (elle doit être accessible), culturels (en conservant une dimension de plaisir) et environnementaux (limitant les émissions de CO2 et les atteintes à la biodiversité). En 2010, la FAO* (Organisation des Nations Unies pour l'alimentation et l'agriculture) définissait ainsi les régimes alimentaires durables : ces derniers "contribuent à protéger et à respecter la biodiversité et les écosystèmes, sont culturellement acceptables, économiquement équitables et accessibles, abordables, nutritionnellement sûrs et sains, et permettent d'optimiser les ressources naturelles et humaines." Comment atteindre l'objectif d'une alimentation durable ?

Il convient avant tout de rappeler (et accepter) le fait que la qualité (nutritive, environnementale...) a nécessairement un coût. Dans le domaine de l'alimentation, la complexité est renforcée par les problèmes d'information, et par le fait que la qualité du produit ne soit pas toujours directement observable par le consommateur. Comme l'a rappelé récemment (le 19 juillet 2022, sur une chaîne d'information) le chef étoilé Thierry Marx, à rebours des discours démagogiques, l'alimentation doit être chère : "L'économie du *low cost*, c'est l'économie du renoncement. Vous renoncez à la qualité en échange de quoi je vous fais un petit prix. Mais c'est un mariage de dupes. Bien souvent, les produits *low cost* ne sont pas des produits sains en termes de nutrition." Si l'on veut consommer des produits alimentaires ayant un impact social, environnemental et nutritionnel positif, il faut accepter d'en payer le juste prix, c'est-à-dire généralement un prix plus élevé qu'actuellement. Dans le cas contraire, ce prix sera de toute façon payé autrement : en subventions aux agriculteurs, en dépenses de santé, en politique de lutte ou d'adaptation face au changement climatique... Pour ce faire, T. Marx en appelle notamment à l'éducation, afin que les consommateurs soient avant tout des "mangeurs", qui sont eux-mêmes d'abord des citoyens.

Pour finir, l'articulation entre alimentation et changement climatique invite à abandonner l'idée selon laquelle l'alimentation serait simplement le produit de décisions individuelles. Celles-ci ont des conséquences pour l'ensemble de la société et s'inscrivent dans des problématiques environnementales, sanitaires, politiques, éthiques, sociales complexes, au niveau national et international (https://reporterre.net/Sans-transition-alimentaire--pas-de-transition-ecologique).

BAUDE Manuel, “La décomposition de l’empreinte carbone de la demande finale de la France par postes de consommation : transport, alimentation, habitat, équipements et services”, document de travail du ministère de la Transition écologique, de la Cohésion des territoires, juillet 2022, https://www.statistiques.developpement-durable.gouv.fr/sites/default/files/2022-07/document_travail_59_decomposition_empreinte_carbone_juillet2022.pdf

BOMMERT Wilfried, LANDZETTEL Marianne, *La Fin de l’alimentation. Comment le changement climatique va bouleverser ce que nous mangeons*, Paris, Vuibert, 2019.

BOURBAN Michel, BROUSSOIS Lisa, “Nouvelles convergences entre éthique environnementale et éthique animale : vers une éthique climatique non anthropocentriste”, Vertigo, Hors-série 32, 2020.

CHOSSON Jérôme, *Changer son alimentation pour changer le monde. Une solution à la portée de tous*, Paris, Librinova, 2021.

SERVIGNE Pablo, *Nourrir l’Europe en temps de crise. Vers des systèmes alimentaires résilients*, Paris, Actes sud, 2017.

13.
ALIMENTATION ET RÉVOLUTIONS

Le pain est-il politique ?

En 2010, le prix du blé et d'autres denrées alimentaires de base flambe au Moyen-Orient. Si certains pays comme l'Algérie peuvent faire face à ces augmentations grâce à leurs ressources pétrolières, d'autres, comme la Tunisie et l'Égypte, n'en ont pas la possibilité, et les protestations se multiplient contre la vie chère. Les "printemps arabes" de 2011 ne peuvent être réduits à un seul facteur ; il s'agit de révoltes contre la corruption, le manque d'opportunités, les régimes dictatoriaux. Mais il y entre aussi une dimension alimentaire, comme ce fut le cas pour la Révolution française ou le "printemps des peuples" européen de 1848. Les questions de nourriture sous-tendent beaucoup de soulèvements, voire de mouvements révolutionnaires.

Pourtant, pendant longtemps, on a considéré que les révoltes alimentaires étaient des émeutes de la faim, dictées par la nécessité, le risque de la famine. Caractérisées par la spontanéité, le désordre, la violence parfois, elles n'étaient pas analysées comme des phénomènes politiques à part entière, car elles ne se proposaient pas une vision alternative de la société. Déclenchées par les plus modestes, souvent animées par des femmes, elles n'avaient pas la noblesse idéologique des révolutions. Mais les travaux historiques des dernières années ont montré que la réalité de ces mouvements était plus complexe. L'analyse de l'histoire est donc utile pour comprendre des mouvements de révolte contemporains dans lesquels les denrées alimentaires jouent un rôle.

LES ÉMEUTES DE LA FAIM

L'Europe moderne est marquée par de nombreuses émeutes de la faim*, en particulier les révoltes frumentaires autour du prix du blé, et plus généralement des céréales. Celles-ci constituent, à l'époque, la part la plus importante de la ration alimentaire pour la majorité des habitantes et habitants de l'Europe, qu'elles soient consommées sous forme de pain, de galettes, de bouillie ou de pâtes. Lorsque le blé vient à manquer, ou lorsque son prix est trop élevé, des révoltes éclatent. Elles peuvent se manifester de diverses manières: par des attaques contre les boulangers ou d'autres personnes soupçonnées d'avoir des réserves de grains (émeutes de marché), en séquestrant des convois de grains pour maintenir la consommation au niveau local dans les zones rurales (entrave) ou encore en prenant possession des récoltes pour les vendre à un prix plus bas (taxation populaire).

La cause principale de ces révoltes est la pénurie, le manque, mais celui-ci peut être causé par divers facteurs: des facteurs *naturels*, comme une sécheresse ou plus généralement une mauvaise récolte; des facteurs *économiques*, comme l'inflation qui renchérit le prix des denrées alimentaires; des facteurs *politiques*, comme la décision d'augmenter les impôts pour financer une guerre. Les révoltes frumentaires, comme les disettes et les famines, deviennent moins fréquentes au cours du XVIIIe et du XIXe siècle. En effet, les progrès de l'agriculture permettent d'obtenir de meilleurs rendements, le développement de l'élevage fait augmenter la consommation de viande, et l'introduction de denrées rapportées des Amériques (maïs, pomme de terre) vient diminuer la prééminence du blé dans les régimes alimentaires.

Néanmoins, les révoltes continuent d'exister, bien qu'elles ne soient pas (toujours) des révoltes de subsistance. En 2007 ont par exemple eu lieu d'immenses manifestations au Mexique (parfois appelées "émeutes de la tortilla") pour protester contre l'augmentation du prix de la tortilla, dans un contexte de renchérissement des prix lié à l'utilisation massive du maïs dans la production d'éthanol. On voit ainsi s'articuler questions alimentaires, économiques et environnementales dans des mouvements complexes qui vont au-delà du besoin biologique de se nourrir.

Les révoltes alimentaires ne peuvent donc être simplement vues comme des réactions spontanées de populations qui souffrent de la faim. Tout d'abord, comme l'a montré notamment l'historien britannique E. P. THOMPSON [1971], ces révoltes sont bien plus organisées qu'on ne l'a longtemps cru. L'entrave ou la taxation populaire nécessitent des négociations, une action commune, des modes d'action concertés. Il ne s'agit pas simplement de sauter sur un chariot de blé et d'en prendre possession ou de briser la devanture d'une boulangerie. Deuxièmement, THOMPSON a montré que, loin d'être des révoltes sans idées, les émeutes alimentaires sont souvent guidées par une certaine conception de ce qu'il nomme "l'économie morale": les paysans qui se révoltent ont une conscience de ce que doit être le juste prix du blé, et donc du pain, et se révoltent lorsque ce prix juste est mis à mal. Les révoltes naissent donc de la faim, mais aussi du sentiment d'injustice et de perte de contrôle des classes populaires sur leur capacité à se nourrir et à nourrir leur famille. Elles sont donc bien des faits politiques.

Enfin, les mobilisations autour des denrées alimentaires sont souvent liées à des mobilisations politiques plus larges, dont elles sont l'un des facteurs. La "guerre des farines" de 1775, une vague d'émeutes liée à l'augmentation du prix du pain dans un contexte de libéralisation du marché des grains, est ainsi vue aujourd'hui comme un événement prérévolutionnaire. Pendant la Révolution française, comme l'a montré Cynthia BOUTON [2000], les révoltes de subsistance sont nombreuses et s'accompagnent de revendications politiques autour du droit à l'existence. À la même époque, les denrées alimentaires sont centrales dans la lutte pour l'indépendance des colons américains. Ceux-ci se mobilisent contre des lois votées par le parlement anglais taxant le sucre et le thé. En 1773, lors de la "Boston Tea Party", des colons déguisés en Amérindiens bloquent des navires chargés de thé dans le port de Boston et jettent leur cargaison à la mer. De même, les révolutions européennes de 1848 ont lieu dans un contexte de crise agricole. En effet, les récoltes sont mauvaises, en particulier en France et en Angleterre, pendant les deux années qui précèdent, et le contexte plus large est celui de la grande famine en Irlande, où les récoltes de pommes de terre sont décimées par le mildiou.

QUI SE RÉVOLTE ?

Pourquoi les protestations autour de l'alimentation ont-elles si longtemps été reléguées à la périphérie de l'histoire ? La question de la nourriture a longtemps été cantonnée à l'idée du besoin, de la nécessité, de la nature, et donc dissociée des idées, des transformations politiques du monde. Le pain n'est pas politique, il est nourricier. Pourtant, de la poule au pot d'Henri IV à la célèbre phrase attribuée à Marie-Antoinette (mais qu'elle n'a en réalité jamais prononcée) “Les Français n'ont pas de pain, qu'ils mangent de la brioche !”, nourriture et politique, en particulier en France, ont toujours fait bon ménage. Les révoltes dont il est question ici, cependant, sont le fait de paysans, d'ouvriers, en d'autres termes de groupes dont pendant longtemps l'histoire a été méconnue, mise de côté, des groupes qui étaient considérés comme subissant les faits historiques dictés par les rois, les dirigeants, les gouvernants.

À cela, il faut ajouter qu'en particulier à partir du XIXe siècle, un autre groupe marginalisé a pris une part grandissante dans ces révoltes : les femmes. Garantes de l'approvisionnement du foyer en nourriture, faisant les courses et la cuisine, elles sont au cœur de l'histoire du quotidien, et notamment de l'histoire de l'alimentation et de ses soubresauts. Dans de nombreux pays, leur exclusion des lieux politiques comme les syndicats ou les partis les amène à entrer dans l'espace public par des manifestations autour de la nourriture et du pouvoir d'achat. Ce sont ainsi des femmes, souvent immigrées, qui organisent des mouvements de protestation contre les prix des denrées alimentaires, et plus particulièrement de la viande, aux États-Unis au début du XXe siècle. Ne parlant pas l'anglais, n'ayant guère de relais institutionnels, elles manifestent et s'en prennent aux bouchers pour faire entendre leur voix. Par la suite, certaines d'entre elles feront de cette expérience de la manifestation le premier pas d'un engagement politique ou communautaire.

Tout comme de nombreux utopistes ont associé l'alimentation à leur vision d'une société plus juste (à travers, par exemple, le concept de “gastrosophie” chez Charles Fourier), celles et ceux qui manifestent pour faire baisser les prix de la nourriture le font aussi parce qu'elles et ils aspirent à la justice. De la Sierra Leone au Sri Lanka, les manifestations et soulèvements de 2022 contre l'inflation et la cherté des biens de première nécessité n'en sont que l'exemple le plus récent.

BOUTON Cynthia, “Les mouvements de subsistance et le problème de l’économie morale sous l’ancien régime et la Révolution française”, *Annales historiques de la Révolution française*, janvier-mars 2000, p. 71-100.

THOMPSON Edward Palmer, “L’économie morale de la foule dans l’Angleterre du XVIIIe siècle”, in E.P. THOMPSON, F. GAUTHIER (*et al.*), *La Guerre du blé au XVIIIe siècle*, Montreuil-Lagrasse, (1971), éditions Verdier, 1988, p. 31-92.

TILLY Louise A., “La révolte frumentaire, forme de conflit politique en France”, *Annales*, vol. 27, n° 4, 1972, p. 731-757.

14. MILITANTISME ET ALIMENTATION

En quoi la consommation alimentaire peut-elle apparaître comme un acte politique ?

"L'alimentation engagée" mobilise plusieurs acteurs qui ont des statuts et des intérêts différents ; d'un côté, les producteurs, les importateurs, les distributeurs ou encore les bénévoles, qui se mobilisent pour faire exister un mode de production jugé alternatif et, de l'autre côté, les consommateurs. Les fondateurs et les gérants de certaines associations, telles que l'Association pour le maintien d'une agriculture paysanne (AMAP) ou encore Max Havelaar, cherchent à diffuser des modèles de production alternatifs à ceux qui prévalent dans un système de capitalisme mondialisé, plus soucieux de la rémunération et des conditions de travail des producteurs. Certains restaurateurs cherchent à promouvoir, par leur savoir-faire, une autre manière de se nourrir, de cuisiner, plus respectueuse de l'environnement, de la qualité du travail fourni par les producteurs et de la santé du consommateur. Tous ces acteurs, qu'ils soient consommateurs, producteurs, associations, participent à leur manière à la diffusion d'une "alimentation engagée". Nous nous intéresserons ici principalement aux pratiques alimentaires de consommateurs qui cherchent à véhiculer un message politique. Comment l'acte de consommation alimentaire peut-il être politique ? Le politique est ici compris dans un sens large et renvoie à l'intérêt de l'individu pour les choses de la cité ; l'engagement politique du citoyen se traduisant alors par une volonté de mettre en cohérence ses convictions avec ses pratiques, notamment ses pratiques de consommation alimentaire.

CONSOMMATION ET POLITIQUE

Dans les années 2000, l'entreprise Danone bénéficie d'une activité économique et financière florissante. Elle envisage pourtant alors de fermer différentes usines concernées par l'activité de biscuiterie, jugée moins rentable que d'autres activités du groupe. Un appel au boycott est alors lancé contre la marque. Ce mode d'action politique est un exemple de "consommation engagée". La sociologue française Sophie DUBUISSON-QUELLIER étudie dans ses travaux les pratiques très diverses de consommateurs qui souhaitent véhiculer un message politique et s'opposer au mode de consommation et de production dominant. Les systèmes "alternatifs" le plus souvent revendiqués se définissent comme des dispositifs (produits, structures ou pratiques) caractérisés par des liens entre producteurs et consommateurs d'une autre nature. Réduire son niveau de consommation, adopter un mode de vie soucieux de la protection de l'environnement, consommer tout en prenant en compte les conditions de travail et de rémunération des producteurs sont des exemples de pratiques de consommation "alternative" ou encore "engagée". Nous verrons toutefois que l'analyse fine des facteurs qui poussent les consommateurs à adopter certains choix alternatifs n'est pas toujours aisée et illustre dans certains cas des paradoxes dans les modes de vie de ces consommateurs.

Certaines pratiques de consommation dites alternatives représentent de véritables modes de vie. D'autres façons de concevoir l'habitat, la production, le travail, l'argent ont des effets directs sur la consommation et sont liés à des formes de sociabilité militantes et locales. Dans cette perspective, la consommation constitue à bien des égards une matérialisation d'un engagement politique.

QUI MANGE "BIO" ET POURQUOI ?

Acheter des produits alimentaires issus de l'agriculture biologique ou être végétarien* sont deux formes de "consommation alternative" ou de "consommation engagée" parmi d'autres, telles qu'acheter des produits de commerce équitable, consommer la production de son propre potager, adhérer à une Association de maintien de l'agriculture paysanne (AMAP) ou acheter des produits directement auprès des producteurs.

La consommation de produits biologiques est relativement aisée à mesurer aujourd'hui. Depuis 1985, il existe un label français, propriété du ministère de l'Agriculture et certifié par des organismes indépendants. L'agriculture biologique (AB) a fortement progressé en France au cours des trois dernières décennies. Ainsi, en 2015, l'AB s'étend sur 1,32 million d'hectares, soit 13 fois plus qu'en 1995, mais ces surfaces ne représentent que 6,5 % des surfaces cultivées. On estime que le marché de l'AB a crû d'environ 10 % par an depuis 1999, même si, en 2015, ce marché ne représentait encore que 2,9 % du marché alimentaire. Si l'on compare la France avec d'autres pays européens, la part de consommation de produits biologiques dans la consommation alimentaire totale y est toutefois modeste. En effet, la France, avec un peu moins de 4 % des achats, se situe au même niveau que l'Italie et la Belgique, au-dessus du Royaume-Uni, de l'Espagne et des pays centre-européens (moins de 2 %), mais en deçà de l'Allemagne (5 %) et surtout de l'Autriche, de la Suède et du Danemark (de 8 % à 10 %).

Qui consomme des produits bio et pourquoi ? La plupart des enquêtes sociologiques montrent que ce sont les personnes plus diplômées et issues de classes moyennes et supérieures qui consomment des produits issus de l'AB. Il est difficile de distinguer les raisons principales qui poussent ces consommateurs à opter pour des produits de l'AB. La plupart mettent en avant le désir de manger de "bonnes choses", mais ce "bon" renvoie à la fois au goût, à la santé (absence de risque sanitaire), à l'éthique ou à l'environnement. La volonté de préserver sa santé apparaît comme une motivation très importante, voire première pour beaucoup. Faut-il voir dans ce mode de consommation de produits biologiques un nouveau mode de distinction sociale ?

Dans une enquête collective dirigée par J. Johnston au Canada, les chercheurs montrent que les membres des classes supérieures qui achètent des produits de l'AB en font effectivement une frontière symbolique, mais que les populations les plus modestes résistent à cette interprétation de leurs pratiques alimentaires en adoptant d'autres modes de consommation éthique. L'enquête montre ainsi que les classes populaires adoptent un mode d'alimentation perçu comme tout aussi acceptable dans la mesure où leurs actions sont davantage ciblées sur le recyclage et le tri des déchets notamment, plutôt que l'achat de produits coûteux. Par conséquent, avoir un mode de consommation alimentaire "engagé" ou "éthique" ne passe pas forcément par les mêmes canaux, en fonction du milieu social. Certaines catégories sociales mettront l'accent sur la variable de la santé et de la sécurité alimentaire, quand d'autres justifieront un mode d'alimentation "acceptable" en ciblant leurs actions sur des gestes contribuant à la protection de l'environnement.

DES CHOIX DE CONSOMMATION ALIMENTAIRE “ALTERNATIFS” QUI ILLUSTRENT UNE FORME DE MILITANTISME

Le végétarisme*, le végétalisme*, le véganisme* ou encore le “flexitarisme” sont des régimes alimentaires dont l’adoption peut traduire de fortes convictions idéologiques. Le végétarisme se caractérise par le refus de consommer de la viande. Le végétalisme, par le refus de consommer tout produit qui aurait un lien plus ou moins direct avec l’animal (viande, poisson, œufs, mais aussi miel, lait) et, dans certains cas, de porter des vêtements de cuir ou de fourrure. L’adoption de ces habitudes alimentaires est plus ou moins liée à la défense de certaines convictions politiques, idéologiques. Le refus de manger de la viande ou la volonté de réduire sa consommation dans le cas des “flexitariens” peut être expliqué par goût, mais aussi par une opposition au traitement imposé aux animaux dans l’industrie alimentaire. Le mouvement végan quant à lui promeut plus largement le respect des animaux et l’antispécisme. Si les recherches sur les mouvements de consommation alternative montrent que les personnes concernées sont en général très diplômées, urbaines et issues de catégories socioprofessionnelles moyennes ou supérieures, elles soulignent aussi la diversité des motivations et des modalités d’entrée dans le végétarisme ou le véganisme. Celles-ci peuvent être d’ordre nutritionnel (il est recommandé de limiter la consommation de viande rouge et de privilégier les fruits et les légumes), environnemental (la production de viande rouge exige plus de ressources que la production de viande blanche), économique (la viande est un produit relativement cher, non accessible à toutes les catégories sociales) et il est souvent difficile de mesurer la part du politique dans ces choix individuels.

AGRIKOLIANSKI Éric, SOMMIER Isabelle, FILLIEULE Olivier (éd.), *Penser les mouvements sociaux*, Paris, La Découverte, 2010.

BECKER Howard, "Notes sur le concept d'engagement", *Tracés, Revue de sciences humaines*, 2006 (1960 pour la version originale), n° 11, p. 177-192.

CARDON Philippe, DEPECKER Thomas, PLESSZ Marie, *Sociologie de l'alimentation*, Paris, Armand Colin, 2019.

DUBUISSON-QUELLIER Sophie, *La consommation engagée*, Paris, Presses de Sciences Po, 2009.

DUBUISSON-QUELLIER Sophie, LAMINE Claire, "Faire le marché autrement. L'abonnement à un panier de fruits et de légumes comme forme d'engagement politique des consommateurs", *Sciences de la société*, 2004, n° 62, p. 144-167.

DUBUISSON-QUELLIER Sophie, BARRIER Julien, "Protester contre le marché : du geste individuel à l'action collective. Le cas du mouvement anti-publicitaire.", *Revue française de science politique*, 2007, 57(2), p. 209-237.

MÈGE Arnaud, "Faire autrement. Tensions entre idéaux et contraintes pratiques de militants pour la décroissance", *Terrains et travaux*, vol. 31, n° 2, 2017.

RODET Diane, "Engagements militants, professionnalisés ou distanciés : les visages multiples de l'alimentation engagée", *Anthropology of food* [en ligne], URL : http://journals.openedition.org/aof/8261

RODET Diane, "L'économie solidaire comme mouvement social : des dispositifs de qualité pour s'identifier, agir et mobiliser", *Revue Française de Socio-Économie*, 2015, n° 15, p. 193-212.

15.
LE CHOCOLAT

En quoi la cartographie mondiale du chocolat illustre-t-elle des enjeux stratégiques liés à notre alimentation ?

Sous forme de tablettes, de pâtes à tartiner, de boissons ou de confiseries, le chocolat fait partie de notre système alimentaire quotidien. Fabriqué à partir de la fève de cacao - dont la pâte est mêlée à d'autres produits alimentaires (sucre, vanille...) - le chocolat est associé par excellence à la notion de plaisir. Originaire d'Amérique centrale (empires maya et aztèque), la cacaoculture s'est diffusée avec la première mondialisation atlantique au XVIe siècle. Les Européens l'ont implantée en Asie, mais surtout en Afrique, formant ainsi la "ceinture du cacao". La géographie du cacao a depuis évolué (le golfe de Guinée devenant la 1re région productrice de fèves de cacao), tout comme les modes de consommation.

Avec ses 7 millions de tonnes par an et un marché de 124 milliards d'euros en 2022, le chocolat est devenu un enjeu stratégique pour de nombreux acteurs (producteurs, consommateurs, intermédiaires, États, lobbys et leaders de la confiserie). Ce marché repose toutefois sur des équilibres mondiaux fragiles, qu'ils soient sociaux, environnementaux, économiques ou géopolitiques. Au croisement de l'agriculture, des échanges, de la transformation industrielle, des pratiques culturelles, voire cultuelles, le chocolat est le produit d'un système alimentaire mondial vieux de 400 ans en évolution permanente.

UNE GÉOGRAPHIE DU CHOCOLAT QUI REFLÈTE LES GRANDS (DÉS)ÉQUILIBRES MONDIAUX

La "ceinture du cacao", à proximité de l'Équateur, est caractérisée par des conditions climatiques, orographiques et pluviométriques spécifiques. On y trouve une trentaine de pays qui produisent les 5 millions de tonnes de cacao à partir desquels sont fabriqués les 7 millions de tonnes de chocolat. Si la production du cacao est essentiellement localisée en Afrique de l'Ouest - avec les trois quarts de la production mondiale - la fabrication du chocolat se trouve quant à elle principalement dans les pays développés. La chaîne de production du chocolat est révélatrice de profondes inégalités entre les différents espaces et acteurs de la filière : aux millions de petits agriculteurs (90 % du cacao mondial est cultivé dans de petites exploitations de moins de dix hectares) s'oppose une industrie du chocolat dominée par des firmes transnationales originaires des pays développés. Six groupes se partagent 40 % des ventes de chocolat dans le monde en 2018 : les géants américains Mars, Mondeléz et Hershey, l'italien Ferrero, le suisse Nestlé et le japonais Meiji Co.

Le chocolat reflète ainsi à bien des égards les inégalités entre "un Nord" producteur de denrées transformées par son industrie agroalimentaire et "un Sud" producteur de matières premières à faible valeur ajoutée et dépendant des fluctuations du cours du marché mondial, dont les prix sont fixés sur les places boursières de Londres ou de New York. Les échanges mondiaux du chocolat sont également dominés par les aires de puissance : les trois premiers exportateurs mondiaux en 2020 sont l'Allemagne (17,4 %), la Belgique (9,4 %) et l'Italie (7,3 %) ; et les premiers importateurs sont les États-Unis (10,1 %), le Royaume-Uni (8,1 %) et l'Allemagne (7,8 %).

Cette opposition nord-sud s'avère toutefois plus complexe. D'abord parce que les situations sont très différentes selon les pays. Ainsi les Suisses, les Autrichiens et les Allemands consomment près de 8 kg de chocolat par an contre deux kilos pour les Japonais, ces derniers préférant le chocolat fabriqué sur le sol national (par le groupe Meiji Co). La géographie de la consommation du chocolat reflète également la diversité des identités culinaires. Les ventes de chocolat explosent en Europe pour les fêtes de Pâques et de Noël, alors que les Japonais associent davantage le chocolat à la Saint-Valentin ou à un aliment fonctionnel consommé sur leur lieu de travail comme déstressant ou booster de capacités. Dans les pays producteurs, la situation est également différente entre les producteurs des pays qui se sont davantage ouverts au commerce équitable et les autres. Près de 70 % des coopératives certifiées Fairtrade/Max Havelaar se situent dans le golfe de Guinée contre 1,5 % seulement en Inde. Par ailleurs, bien que la consommation du chocolat reste faible dans ces régions du monde, elle est en train d'exploser dans des pays émergents comme la Chine et l'Inde. Si les deux géants asiatiques sont encore de petits consommateurs de chocolat, ces deux marchés, de plus de 1,3 milliard d'habitants chacun, représentent un véritable Eldorado tant la demande est en train de croître. Le développement économique et social fait émerger une classe moyenne désireuse de consommer de plus en plus de produits chocolatés, ces nouvelles dynamiques de consommation faisant toutefois planer le risque d'une flambée des prix ou d'une pénurie, d'autant que la production de cacao a tendance à stagner en raison de changements multiples qui affectent la cacaoculture.

LE CHOCOLAT, REFLET D'UN MODÈLE DE DÉVELOPPEMENT FRAGILE

L'ensemble de la filière du chocolat est en effet impacté et fragilisé par les grands bouleversements mondiaux. La cacaoculture est depuis plusieurs décennies au cœur des préoccupations environnementales, en raison notamment de la déforestation. Le front pionnier du cacao a ainsi provoqué une régression du couvert forestier des pays du golfe de Guinée à partir des années 1960, en raison de l'explosion de la culture et de l'exportation du cacao dans le contexte de mise en place des économies des pays nouvellement indépendants. Le développement d'une agriculture extensive a conduit les producteurs à planter de nouveaux cacaoyers ou d'autres arbres permettant de produire des ingrédients très utilisés par les industriels dans la confection du chocolat, comme l'huile de palme. Quant aux progrès de l'agronomie, ils ont permis d'intensifier la cacaoculture grâce à la sélection de variétés, voire à des manipulations agronomiques. Ces pratiques sont associées à une perte de diversité et à un appauvrissement des sols.

Ce désastre écologique est accentué par le changement global marqué par une hausse des températures et la récurrence des phénomènes de sécheresse. Le cacaoyer est cultivé dans les régions avec un climat relativement stable, avec des températures comprises entre 23 et 28°C et une pluviométrie d'au moins 1500 millimètres par an. Il est donc très sensible aux variations brutales du climat, ainsi qu'aux maladies (la sécheresse rendant les plantes plus vulnérables aux maladies comme la pourriture brune). Or, depuis 2014, le GIEC prévoit une hausse des températures de 2,1°C dans la "ceinture du cacao", impactant de fait la cacaoculture. Cela conduira à son déplacement vers de nouvelles régions ou territoires dans les prochaines décennies (comme la Colombie ou le Brésil), déstabilisant de fait les systèmes agricoles existants. Ces dynamiques qui affectent la cacaoculture fragilisent davantage les petits producteurs qui ont développé une monoculture de subsistance. Pour éviter ces déplacements de cultures, des solutions sont mises en œuvre comme les politiques d'encouragement à l'agroforesterie ou la recherche en agronomie de plants de cacao plus résistants aux variations climatiques et aux maladies.

La filière du chocolat est également le reflet des grands enjeux sociaux contemporains, que ce soit la vulnérabilité des petits producteurs ou le travail forcé des enfants (ils sont près de 800 000 à travailler dans des exploitations de cacao, selon l'enquête NORC de l'université de Chicago réalisée en 2018-2019). La filière du chocolat est très sensible à la multiplication des crises qui touchent les pays producteurs, qu'elles soient climatiques (sécheresse, maladie), sanitaires (épidémies Ebola et Covid-19) ou politiques (coups d'État, conflit civil).

PRODUIT STRATÉGIQUE AU CŒUR DES ENJEUX DE PUISSANCE (ET DE LEUR REDÉFINITION)

Une offre qui se raréfie et une consommation qui explose, notamment dans les pays asiatiques émergents, voilà un mélange qui fait du chocolat un produit géopolitique. Si le marché du chocolat est toujours dominé par les aires de puissance, de nouvelles dynamiques en cours révèlent une redéfinition du jeu des puissances dans le monde. Tout d'abord parce que des pays africains cherchent à reprendre la main sur la production de cacao, en témoigne le transfert du siège social de l'ICCO (Organisation internationale du cacao) de Londres à Abidjan en 2017. Fondée en 1973 sous l'égide des Nations Unies, l'ICCO a pour but de réguler et d'améliorer le fonctionnement de la filière du cacao dans le monde. Cette organisation intergouvernementale compte actuellement 52 pays membres (23 exportateurs de cacao et 29 pays importateurs, représentant 92 % des exportations mondiales et 80 % des importations mondiales de cacao). Si l'un des objectifs de ce transfert en Côte d'Ivoire (1er pays producteur) est de se rapprocher des conditions de production pour mieux prendre en compte les changements en cours, il montre également la volonté des pays producteurs de peser davantage dans le marché mondial du cacao.

Le nouvel accord de l'ICCO adopté en 2022 doit ainsi permettre de mieux prendre en compte les changements qui touchent la filière, de faire davantage attention à la sûreté alimentaire et "d'introduire la question du revenu décent des cacaoculteurs en tant qu'objectif clé de l'Accord et la référence à des prix rémunérateurs pour parvenir à la durabilité économique." La candidature d'adhésion du Congo à l'ICCO en 2022 illustre cette volonté des pays producteurs de peser davantage dans l'organisation et dans les décisions.

Cela conduit à des tensions entre les régions exportatrices et importatrices, comme en témoignent les dernières directives de l'UE de 2022 interdisant l'importation de cacao issu de la déforestation, ce qui a provoqué la colère de pays producteurs, dont la Côte d'Ivoire. Dans ce bras de fer, les pays producteurs peuvent désormais compter sur le soutien de la Chine et de l'Inde qui investissent dans des exploitations et dans des usines de transformation en Afrique, afin de s'assurer une place sur le marché du cacao et de répondre à l'explosion de leur demande nationale. La baisse de la demande des consommateurs européens et américains pendant les confinements a favorisé ce redéploiement des exportations vers l'Asie. Des marques de chocolats chinois fleurissent aujourd'hui, témoignage supplémentaire de la volonté de la Chine de peser dans la géopolitique mondiale du chocolat, ce qui fait craindre des difficultés d'approvisionnement pour les pays européens, et la Chine a, par ailleurs, exporté en 2021 pour la première fois de son histoire quelques centaines de kilos de fèves de cacao, symbole du développement récent de cette culture dans la province du Hainan.

De l'arbre à la table, de la cabosse à la tablette, le chocolat illustre les enjeux environnementaux, économiques, sociaux, sanitaires et géopolitiques de notre système alimentaire. En 2021, des chercheurs suisses ont mis en place la culture cellulaire de fève de cacao en laboratoire, ouvrant sans doute ainsi de nouvelles perspectives pour un produit qui n'a pas fini de faire parler de lui.

"Cacao: à qui profite le chocolat?", *Le dessous des cartes,* émission du 20/11/2021.

GRATALOUP Christian, *Le Monde dans nos tasses. Trois siècles de petit-déjeuner*, Paris, Armand Colin, 2017.

MARCILHAC Vincent et TIBÈRE Valentine (dir.), *Les Goûts du chocolat dans le monde*, Paris, L'Harmattan, 2019.

16.
LA *SLOW FOOD*

Dans quelle mesure la slow flood *peut-elle constituer une solution vers une alimentation plus durable et équitable ?*

La *slow food* (ou restauration lente) se présente comme une voie prometteuse pour avancer sur la voie des transitions alimentaire et écologique. Dans le contexte du réchauffement climatique, elle milite à sa façon pour la mise en place d'une alimentation plus durable. Elle prend en effet le contrepied de la "malbouffe" conçue comme étant souvent également une *fast food*. Les restaurants McDonald's sont ainsi le repoussoir de la *slow food*: ils représentent tout ce contre quoi elle entend lutter. Les "Mac Do" et autres *fast foods* sont perçus comme étant le symbole de la standardisation de l'alimentation, du règne de la culture intensive, de la nourriture grasse et peu nutritive..., bref de tout ce que l'on peut reprocher à l'industrie agroalimentaire et à ses dérives. Le mouvement *Slow Food* est parfois appelé également "écogastronomie". Nous verrons d'abord comment et avec quels objectifs il s'est développé, avant de présenter ses fondements philosophiques. Il s'agira enfin d'esquisser un rapide bilan de son action et de ses débouchés. Alors qu'il appelait initialement à une révolution dans nos façons de produire et de manger, c'est finalement un nouveau mode de vie global qui est mis en avant.

HISTORIQUE ET OBJECTIFS DU MOUVEMENT DE LA *SLOW FOOD*

Le mouvement *Slow Food* est naît en Italie en 1986, à l'initiative de Carlo PETRINI. Né en 1943, Carlo PETRINI est journaliste, sociologue et critique gastronomique. Le point de départ du mouvement était de lutter contre l'installation d'un restaurant McDonald's sur la Piazza di Spagna à Rome. Le mouvement a ensuite rapidement pris une envergure nationale puis internationale, avec la signature de son premier manifeste à Paris en

1989. Il est aujourd'hui reconnu par l'Organisation des Nations Unies pour l'Alimentation et l'Agriculture (FAO). Le symbole du mouvement est - logiquement - l'escargot, réputé justement pour sa lenteur. À partir des années 1990, de plus en plus de consommateurs semblent s'intéresser à la provenance et à la qualité de ce qu'ils consomment et mangent; on assiste également dans le même contexte à une progression des méthodes biodynamiques et biologiques. Comme pour le commerce équitable, l'objectif est de recréer un lien entre producteurs et consommateurs, et de rappeler aux consommateurs que derrière le produit qu'ils mangent, il y a des producteurs qui travaillent, des territoires qui se transforment, et des animaux.

Les objectifs, défendus notamment lors de grands salons, sont de sauvegarder la biodiversité, les petits producteurs, l'alimentation locale, les traditions culinaires, le plaisir de manger et l'éducation au goût. On retrouve ainsi en grande partie les objectifs d'une alimentation durable. Comme le dit Petrini [2005] dans le sous-titre de son ouvrage, il s'agit d'un combat "pour le goût et la biodiversité". Le mouvement s'efforce également de sauvegarder des produits menacés de disparition, tels que certains légumes anciens, fromages ou races locales. La lutte contre le gaspillage alimentaire et le respect du bien-être animal figurent également au rang des priorités du mouvement *Slow Food*. Ici, rentabilité et productivité ne sont plus des objectifs en soi, il s'agit de privilégier la qualité plutôt que la quantité. Produire le plus possible, dans les délais toujours plus brefs, c'est nécessairement dégrader les conditions de travail et les équilibres écologiques. Enfin, par le biais d'ateliers, de salons, de festivals, d'événements visant à sensibiliser le grand public, de création de jardins dans les écoles, etc., l'éducation est une dimension très importante de cette mouvance. Dans ce domaine de l'éducation, l'action la plus déterminante a été la fondation de l'université des sciences gastronomiques de Pollenzo, en Italie.

Pour résumer, "les notions de sauvegarde de la biodiversité, de préservation de l'environnement et de juste rémunération des producteurs sont devenues essentielles et constituent aujourd'hui le fondement des valeurs du mouvement *Slow Food*." (https://slowfood.fr/mouvement-slow-food-carlo-petrini-idees-valeurs-alimentation-biodiversite/)

FONDEMENTS PHILOSOPHIQUES

D'un point de vue théorique, pour la *slow food*, manger mieux, c'est d'abord "prendre le temps de manger", dans une critique de l'accélération qui rejoint les réflexions du philosophe allemand Harmut ROSA [2013]. Dans son ouvrage *Accélération* (titre original, *Beschleunigung. Die Veränderung der Zeitstrukturen in der Moderne*, publié en 2005), ROSA propose une "critique sociale du temps", et décrit toutes les conséquences délétères de cette accélération caractéristique de notre modernité qu'il nomme "tardive". Le manifeste de l'association *Slow Food* est très clair sur ce point: "La vitesse est devenue notre prison et nous sommes tous atteints du même virus: la '*Fast Life*'". L'essentiel est donc de se "se libérer du carcan de la vitesse". Ainsi, comme l'expliquent FONTEFRANCESCO et CORVO [2019], l'idéal de lenteur prôné par le mouvement s'inscrit-il dans la promotion d'un nouveau modèle économique orienté, non plus vers la croissance, mais vers le bien-être des agents, ce bien-être étant inséparable d'une nouvelle conception du temps.

Le mouvement met aussi largement l'accent sur la *convivialité*: manger est un acte profondément convivial. *Slow Food* s'organise en différents *convivium*, structure associative locale du mouvement. Cela fait évidemment écho aux réflexions de Ivan Illich, auteur en 1973 de l'ouvrage intitulé *La convivialité*. Cette dernière renvoie selon lui à une société dans laquelle l'homme contrôle l'outil et la technique plutôt que d'être aliéné par eux. Illich et le mouvement *Slow Food* se rejoignent ici sur une critique de la société industrielle et de ses dérives, qui aliène davantage qu'elle ne libère. Ils se retrouvent également sur le désir de dépassement d'une croissance économique conçue comme illimitée.

BILAN ET PERSPECTIVES

Le mouvement *Slow Food* s'est structuré un peu plus lors du Congrès International de Chengdu, qui s'est tenu en Chine en 2017, avec la mise en place de *communautés Slow Food*. Cela commence par une déclaration de fondation, dans laquelle les membres s'organisent autour d'un projet très précis défendant les valeurs du mouvement, comme la création de jardins. Il existe aujourd'hui, par exemple, 3000 jardins potagers créés dans les villes de 35 pays africains. En 2017 toujours, *Slow Food* a créé le programme *Food for Change*, grande campagne de communication et de financement orientée vers la lutte contre le réchauffement climatique. Le réseau *Slow Food* rassemble aujourd'hui plus de 100 000 membres, répartis dans 160 pays à travers le monde et plus de 3000 étudiants ont étudié ou étudient à l'université des sciences gastronomiques.

En réponse aux objectifs du Millénaire pour le développement (OMD) établis par les Nations Unies, et notamment le deuxième objectif, "zéro faim", le mouvement *Slow Food* entend aussi créer des systèmes alimentaires locaux durables, faisant vivre les communautés de ressources alimentaires locales plutôt que des marchés et des fluctuations erratiques des prix [Fontefrancesco, Corvo, 2019, *op. cit.*], partant de l'hypothèse que la durabilité socio-environnementale est une condition nécessaire pour pouvoir atteindre l'objectif "zéro faim".

Enfin, on observe que l'idée d'un nécessaire ralentissement dépasse aujourd'hui le cadre de l'alimentation. En témoigne le développement du *slow towns* (ou *Cittaslow*), mouvement d'urbanisme s'engageant à ralentir le rythme de vie des citoyens et à renforcer la participation des habitants à la vie municipale ; du *slow tourism*, visant à un éloge de la lenteur et à un tourisme plus "authentique" et moins prédateur pour l'environnement. *Slow food, slow town, slow tourism, slow working*, la philosophie est toujours la même qui peut se résumer ainsi : la qualité de vie et la préservation de l'environnement sont compatibles à condition de repenser le rapport au temps et d'accepter de "ralentir le rythme".

Références bibliographiques

Fontefrancesco Michele, Corvo Paolo, "Slow Food : History and Activity of a Global Food Movement Toward SDG2", in *Zero Hunger*, Leal Filho W., Azul A., Brandli L., Özuyar P., Wall T. (eds), *Encyclopedia of the UN Sustainable Development Goals*, Springer, 2019.

Petrini Carlo, *Slow food. Manifeste pour le goût et la biodiversité*, Gap, éditions Yves Michel, 2005.

Rosa Hartmut, *Accélération. Une critique sociale du temps*, La Découverte, 2013.

Waters Alice, *We Are What We Eat : A Slow Food Manifesto*, New York, Penguin Press, 2021.

SÉLECTION BIBLIOGRAPHIQUE

BOMMERT W., LANDZETTEL M., *La Fin de l'alimentation. Comment le changement climatique va bouleverser ce que nous mangeons*, Paris, Vuibert, 2019.

BRICAS N., CONARÉ D., WALSER M. (dir), *Une écologie de l'alimentation*, Versailles, éd. Quæ, 2021.

CARDON P., DEPECKER T., PLESSZ M., *Sociologie de l'alimentation*, Paris, Armand Colin, 2019.

CHOSSON J., *Changer son alimentation pour changer le monde. Une solution à la portée de tous*, Paris, Librinova, 2021.

CSERGO J., *La gastronomie est-elle une marchandise culturelle comme les autres ? La gastronomie française à l'UNESCO : histoire et enjeux*, Chartres, éditions Menu Fretin, 2016.

DUBUISSON-QUELLIER S., *La consommation engagée*, Paris, Presses de Sciences Po, 2009.

ELIAS N., *La Civilisation des mœurs*, Paris, Agora Pocket, 1973.

FISCHLER C., *L'homnivore : le goût, la cuisine et le corps*, Odile Jacob, 1990.

FOUILLEUX E. et MICHEL L., *Quand l'alimentation se fait politique(s)*, Presses Universitaires de Rennes, 2020.

FUMEY G., *Géopolitique de l'alimentation*, Auxerre, éditions Sciences Humaines, 2018.

FUMEY G., *Manger local, manger global*, Paris, CNRS Éditions, 2021.

GOMEZ G., *À la table des Présidents*, Paris, éditions du Cherche Midi, 2020.

GRATALOUP C., *Le Monde dans nos tasses. Trois siècles de petit-déjeuner*, Paris, Armand Colin, 2017.

LEMARCHAND P. (dir.), *Nourrir les hommes, un dictionnaire*, Neuilly-sur-Seine, Atlande, 2009.

PELLUCHON, C., *Les Nourritures, Philosophie du corps politique*, Paris, Points, Seuil, 2020.

POULAIN J.-P., *Sociologie de l'obésité*, Paris, PUF, 2009.

QUELLIER F. (dir.), *Histoire de l'alimentation – De la préhistoire à nos jours*, Paris, Belin, Passés composés, 2021.

RAFFARD P., *Géopolitique de l'alimentation et de la gastronomie. De la fourche à la FoodTech*, Le Cavalier Bleu, 2021.

RAWLEY A., *Une histoire mondiale de la table*, Paris, Odile Jacob, 2006.

SERVIGNE P., *Nourrir l'Europe en temps de crise. Vers des systèmes alimentaires résilients*, Paris, Actes Sud, 2017.

STÉFANINI L. (dir.), *À la table des diplomates, l'histoire de France racontée à travers ses grands repas (1520-2015)*, Paris, éditions de l'Iconoclaste, (2016), Folio, 2019.

FILMOGRAPHIE

AXEL, G., *Le Festin de Babette*, 1987, d'après la nouvelle éponyme de Karen Blixen.

CHABROL, C., *Que la Bête meure*, (la scène du repas familial), 1969.

CHAPLIN, C., *La Ruée vers l'or*, (la scène du repas imaginaire), 1925.

"Cacao: à qui profite le chocolat?", *Le dessous des cartes*, émission du 20/11/2021.

SAUTET, C., *François, Vincent, Paul et les autres*, (la scène du gigot), 1974.

VON TRIER, L., *Festen*, 1998.

GLOSSAIRE

Commensalité: façon dont on partage un repas.

Faim/Malnutrition: la faim est une sensation physique inconfortable ou douloureuse causée par une consommation insuffisante d'énergie alimentaire. Elle devient chronique lorsque la personne ne consomme pas une quantité suffisante de calories (énergie alimentaire) sur une base régulière pour mener une vie normale, active et saine. (FAO)

Famine: la famine est un état de pénurie alimentaire grave, dans lequel toute, ou une grande partie de la population d'un pays donné n'a plus accès à la nourriture sur une période longue et qui conduit à la mort des populations concernées. Cependant, il n'existe pas de définition internationalement acceptée de la famine.

FAO (Food and Agriculture Organization): c'est l'agence spécialisée des Nations Unies, dont l'objectif est l'élimination de la faim dans le monde en garantissant la sécurité alimentaire pour tous et un accès régulier et suffisant à une nourriture de bonne qualité. La FAO (siège à Rome) compte 195 membres – 194 pays + l'Union européenne – et est active dans 130 pays à travers le monde.

Gamme alimentaire: famille de produits alimentaires caractérisée par un type de conservation, depuis les produits frais jusqu'aux produits sous vide prêts à l'emploi.

Industrie agroalimentaire: elle correspond à l'ensemble des activités industrielles qui transforment des matières premières issues de l'agriculture, de l'élevage ou de la pêche en produits alimentaires destinés essentiellement à la consommation humaine.

Insécurité alimentaire: une personne est en situation d'insécurité alimentaire lorsqu'elle n'a pas un accès régulier à suffisamment d'aliments sains et nutritifs pour une croissance et un développement normaux et une vie active et saine. Cela peut être dû à l'indisponibilité de nourriture et/ou au manque de ressources pour se procurer de la nourriture. L'insécurité alimentaire peut être ressentie à différents niveaux de gravité.

***Land Grabbing* ou accaparement des terres** : c'est un processus d'acquisition ou de jouissance de terres à des fins principalement agricoles (mais pas seulement) dans un contexte d'économie mondialisée.

Malnutrition : elle renvoie aux carences, excès ou déséquilibres dans l'apport énergétique et/ou nutritionnel d'une personne. Ce terme couvre trois grands groupes d'affections : la dénutrition, qui comprend l'émaciation (faible rapport poids/taille), le retard de croissance (faible rapport taille/âge) et l'insuffisance pondérale (faible rapport poids/âge) ; la malnutrition en matière de micronutriments, qui comprend la carence en micronutriments (manque de vitamines et de minéraux essentiels) ou l'excès de micronutriments et enfin le surpoids, l'obésité et les maladies non transmissibles liées à l'alimentation (par exemple, les cardiopathies, les accidents vasculaires cérébraux, le diabète et certains cancers).

Nutriment : c'est une substance apportée par l'alimentation et qui assure le développement et l'entretien de l'organisme. Les protéines, les glucides, les lipides, les vitamines, les sels minéraux et les oligoéléments sont des nutriments.

Nutri-Score (depuis 2017 en France) : c'est le logo apposé en face avant des emballages et qui informe sur la qualité nutritionnelle des produits sous une forme simplifiée (lettres allant de A à E).

PAM (Programme Alimentaire Mondial) : Le PAM dépend des Nations Unies. Il est la première organisation humanitaire mondiale de lutte contre la faim.

PNNS (Programme national nutrition santé) : il a pour objectif l'amélioration de l'état de santé de l'ensemble de la population, en agissant sur l'un de ses déterminants majeurs, la nutrition.

Véganisme : c'est un mode de vie alliant une alimentation exclusive par les végétaux (végétalisme) et le refus de consommer tout produit (vêtements, chaussures, cosmétiques, etc.) issu des animaux ou de leur exploitation.

Végétalisme : c'est un régime alimentaire excluant tout aliment d'origine animale.

Végétarianisme : c'est un régime alimentaire qui exclut toute chair animale (viande, poisson), mais qui admet en général la consommation d'aliments d'origine animale comme les œufs, le lait et les produits laitiers (fromage, yaourts).

Éditions Atlande
F - 92200 Neuilly
www.Atlande.eu

Achevé d'imprimer sur les presses d'Evoluprint
à Bruguières (Haute-Garonne) en février 2023.
Numéro d'impression : 38375

Dépôt légal février 2023.